"十四五"职业教育国家规划教材

职业教育财经商贸类专业教学用书

财经基本技能

主　编　陈海庆　宋新波
副主编　康　颖　张　利

华东师范大学出版社
·上海·

图书在版编目(CIP)数据

财经基本技能/陈海庆,宋新波主编.—上海:华东师范大学出版社,2018
ISBN 978-7-5675-7424-3

Ⅰ.①财… Ⅱ.①陈…②宋… Ⅲ.①会计-教材 Ⅳ.①F23

中国版本图书馆 CIP 数据核字(2018)第 015657 号

财经基本技能

主　　编	陈海庆　宋新波
责任编辑	孙小帆
责任校对	胡　静
装帧设计	庄玉侠

出版发行	华东师范大学出版社
社　　址	上海市中山北路 3663 号　邮编 200062
网　　址	www.ecnupress.com.cn
电　　话	021-60821666　行政传真 021-62572105
客服电话	021-62865537　门市(邮购)电话 021-62869887
地　　址	上海市中山北路 3663 号华东师范大学校内先锋路口
网　　店	http://hdsdcbs.tmall.com

印 刷 者	上海龙腾印务有限公司
开　　本	787 毫米×1092 毫米　1/16
印　　张	14.5
字　　数	366 千字
版　　次	2017 年 5 月第 1 版
印　　次	2023 年 10 月第 4 次
书　　号	ISBN 978-7-5675-7424-3/F·407
定　　价	35.80 元

出版人　王　焰

(如发现本版图书有印订质量问题,请寄回本社客服中心调换或电话 021-62865537 联系)

前　言

QIANYAN

　　《财经基本技能》一书主要面向中等职业技术学校的市场营销、商品经营、电子商务、物流服务与管理、国际商务等非财会专业的学生。该书的内容体现了财经商贸类中职学生所需掌握的商贸通用能力，学生通过学习本书，能够掌握财经数字的书写、点钞方法、支付结算、企业成立与日常经营、增值税和所得税计算、投资与理财、会计报表认知等若干财经基本技能，具备商贸流通人员的基本业务素质，达到商贸流通类基层工作岗位的财经基本技能要求。

　　本书的编写具有如下特点：

1. 新颖性

　　本书分项目、分任务进行编排，各项目之间相互独立，并自成一个小体系。教师可以根据不同专业安排的课时和专业特点对全书所有或部分项目进行教学。

2. 实用性

　　本书的编写以"训练为主、理论为辅"作为指导思想，坚持"做中学、做中教"的理念，采用任务化形式，每个任务都有明确的任务目标、知识准备、任务实施和任务巩固这四个模块。以任务为载体，通过任务的形式来培养和训练学生的财经基本技能。

3. 通用性

　　本书主要面向中等职业技术学校的市场营销、商品经营、电子商务、物流服务与管理、国际商务等非财会专业的学生，有助于财经商贸类中等职业技术学校学生学习财经商贸通用知识，掌握基本的财经技能。

　　本书由广东省经济贸易职业技术学校高级讲师陈海庆和高级讲师（高级会计师）宋新波担任主编，高级讲师康颖、高级讲师张利担任副主编。具体分工如下：宋新波、陈海庆编写项目一；陈海庆编写项目二、项目九；康颖编写项目三、项目十；张利编写项目四；俞霏霏编写项目五、项目六、项目七；徐萍茵编写项目八。全书由陈海庆统稿。

　　由于水平所限，书中尚有不足之处，敬请读者提出宝贵意见，批评指正。

编　者

目 录

MULU

项目一　财经数字书写	1
任务1　数码数字书写	1
任务2　中文大写数字书写	7
任务3　数字书写在财经工作中的应用	9
项目二　人民币真伪辨别与点钞	14
任务1　人民币真伪辨别	14
任务2　点钞技术	25
项目三　企业成立	37
任务1　工商注册登记	37
任务2　银行开户	68
任务3　资金筹集	74
项目四　办理货币资金收付业务	81
任务1　办理现金收付业务	81
任务2　办理支付结算业务	94
任务3　网络支付结算	111
项目五　采购业务	120
任务1　选择供应商订购商品	120
任务2　商品验收入库	130
任务3　采购款项结算	132
项目六　销售业务	137
任务1　获取销售订单	137
任务2　发出商品	143
任务3　销售款项结算	145

项目七　储存业务　　153

任务1　商品保管　　153
任务2　商品调价　　157
任务3　商品盘点　　159

项目八　投资与理财　　162

任务1　股票投资理财　　162
任务2　债券投资理财　　169
任务3　基金投资理财　　173

项目九　增值税与所得税　　181

任务1　认识税收　　181
任务2　增值税的计算　　184
任务3　个人所得税的计算　　194
任务4　企业所得税的计算　　205

项目十　财务报表认知　　210

任务1　资产负债表认知　　210
任务2　利润表认知　　218

项目一 财经数字书写

任务1 数码数字书写

1. 了解数码数字书写的要求。
2. 掌握单个数码数字书写的要领。
3. 正确读多位数码数字。
4. 学会数码金额的规范书写。
5. 学会数码数字书写错误的订正方法。

一、数码数字书写的要求

1. 倾斜书写

数码数字笔画简单,笔势缺少变化,一般不要求像文字那样端正书写,否则,字形会显得生硬呆板。书写时一般要求数码数字上端向右倾斜,以60度左右的水平倾斜角为宜。一组数码数字的书写,应保持各个数码数字的倾斜度一致,自然美观。

2. 字位适当

(1) 高度适当

数码数字要求书写留空,高度一般以占全格的1/2为宜(最多不要超过2/3),更正数字应留有余地,过小可能会因不清晰而影响阅读。

（2）左右位置适当

要求每个数字的中部大体位于上下格距1/2处的两条对角线交点上，不宜过于靠左或者靠右。

（3）间距适当

每个数码数字要大小一致，排列应保持相等距离，上下左右要对齐。在印有数位线（或称金额线）的凭证、账簿、报表上，每一格只写一个数码数字，不得将几个数码数字挤在一个格子里，也不得在数码数字中间留有空格。如果没有数位线，则数码数字的整数部分可以从小数点向左按"三位一节"用分节号","（或称千分撇、分位点）分开，以便于读数、分清大小和汇总计算，如 2,768,530.26。

3. 字迹工整

数码数字的规范书写，应工整流畅、匀称美观、一目了然，切忌潦草、连笔、模糊。

4. 保持特色

数码数字书写时要在符合书写规范的前提下，保持本人的独特字体和特色习惯，使别人难以模仿或涂改。

二、单个数码数字的书写要领

（1）"0"字书写时，紧贴底线，圆要闭合，不宜过小，否则易被改为"9"字；几个"0"连写时，不要写连接线。

（2）"1"字书写时，要斜直，不能比其他数字短，否则易被改成"4"、"6"、"7"、"9"等字。

（3）"2"字书写时，不能写成"Z"，落笔应紧贴底线，否则易被改成"3"字。

（4）"3"字书写时，拐弯处光滑流畅，起笔处至拐弯处距离稍长，不宜过短，否则易被改成"5"字。

（5）"4"字书写时，"∠"角要死折，即竖要斜写，横要平直且长，折角要棱角分明，否则易被改成"6"字。

（6）"5"字书写时，横、钩必须明显，不可拖泥带水，否则易被改成或混淆成"8"字。

（7）"6"字书写时，起笔处在上半格的1/4处，下圆要明显，否则易被改成"4"、"8"字。

（8）"7"字书写时，横要平直明显（即稍长），竖稍斜，拐弯处不能圆滑，否则易与"1"、"9"字相混淆。

（9）"8"字书写时，上面稍小，下面稍大，注意起笔成斜"S"，圆圈笔划写顺，一定要封口，终笔与起笔交接处应成棱角，以防将"3"改为"8"。

（10）"9"字书写时，上部的小圆要闭合，不留间隙，并且一竖稍长，略微出底线，否则易与"4"字混淆。

一、数码数字规范书写

数码数字的书写要紧贴格子底线，不应悬在格子的中间，除"6"、"7"、"9"外，其他数码数字应高低一致。"6"的上端可以比其他数码数字高出 1/4,"7"和"9"的下端可以比其他数码数字伸出 1/4,但不得超过 1/3。

二、数的读法

1. 万以下数的读法

每读出一个数字,接着读出该数字所在的位数,如 37,268 应读作叁万柒仟贰佰陆拾捌。

2. 万以上数的读法

对于万位以上的数,每读出一个数字,接着只读出该数字所在位数的第一数字。如：

2,738,426,读作贰佰柒拾叁万捌仟肆佰贰拾陆

314,628,957,读作叁亿壹仟肆佰陆拾贰万捌仟玖佰伍拾柒

3. 中间有零的数的读法

数字中间有零的,无论是一个或连续几个零,都只读一个"零",而不读出其所在的位数。如：

3,072,读作叁仟零柒拾贰

400,025,读作肆拾万零贰拾伍

4. 后面有零的数的读法

数字末尾有零的数的读法,既不读零,也不读零所在的位数。如：

3,000,读作叁仟

4,200,读作肆仟贰佰

三、数码金额规范书写

一般要求数码金额书写到分位为止,元位以下保留角、分两位小数。

1. 印有数位线(金额线)的数码数字的书写

(1) 一般来说,凭证和账簿已印好数位线,必须逐格顺序书写,"角"、"分"栏金额齐全。

(2) 如果"角"、"分"栏无金额,应该以"0"补位,也可在格子的中间划一短横线。

(3) 如果金额有角无分,则应在分位上补写"0",不能用"—"代替。

错误书写

收入金额

十	万	千	百	十	元	角	分
		3	6	7	8		
				5	7	1	
				5	7	1	—

正确书写

收入金额

十	万	千	百	十	元	角	分
		3	6	7	8	0	0
		3	6	7	8	—	—
				5	7	1	0

2. 没有数位线(金额线)的数码数字的书写

(1) 如果没有角分,仍应在元位后的小数点"."后补写"00"或划一短斜横线。如：

¥95,367.00 或 ¥95,367.—

(2) 如果金额有角无分，则应在分位上补写"0"。如：

¥95,367.30　　　　¥95,367.3　　　　¥95,367.3—

　　　　✗　　　　✗

3. 合理运用货币币种符号

(1) 阿拉伯金额数字前面应当书写货币币种符号，币种符号与阿拉伯金额数字之间不得留有空白。

如：人民币玖万伍仟叁佰陆拾柒元叁角整，应写为：

¥95,367.30　　　¥ 95,367.30

(2) 凡阿拉伯数字前写有币种符号的，数字后面不再写货币单位。印有"人民币"三个字不可再写"¥"符号，但在金额末尾应加写"元"字。

如：人民币玖佰伍拾元伍角整，应写为：

人民币¥950.50元　　✗
人民币　950.50元　　✗
人民币950.50元　　✓

四、数码数字书写错误的订正方法

在财经工作中，填制或接收有关业务单据，发现数码金额书写出现错误时，不得更改，只能由单据开出的单位重开。

在财经工作中的文件资料（除业务单据外）中，发现数码数字、金额书写出现错误时，在无法更换文件资料的情况下，应用划线更正法进行更正。即把整个数字用单红线注销，再在其上方用蓝色或黑色笔写上正确的数字，并由经办人员在错误数字的上方或左侧盖章，以示负责。

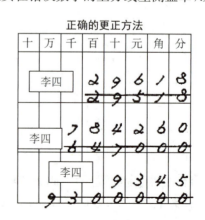

1. 每天书写数码数字字帖一篇(时间 6—8 分钟,可自行复印空白页)。

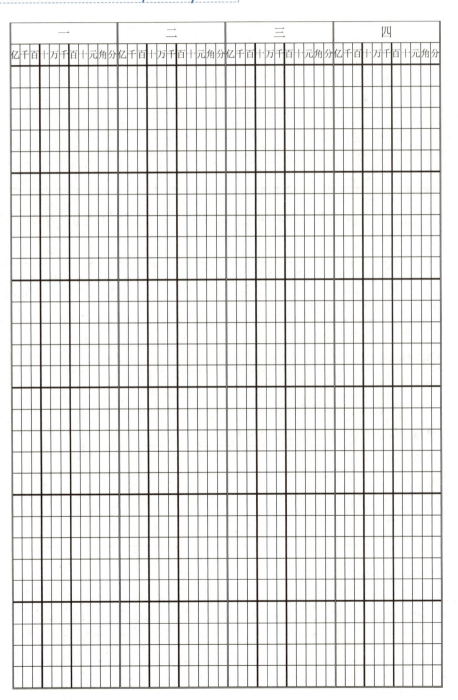

2. 读出下列数码数字。

序号	数 码 数 字			
1	36,251.21	564.65	4,500.00	54,687.00
2	2,513.03	7,854.45	89,570.00	2,546.00
6	56,480.00	15,144.25	650,023.00	253.00
7	1,450,963.56	2,434.06	240,002.00	874,101.00
3	247,895.25	29,723.87	6,520,009.32	6,840,050.00
4	56,400.00	137,013.62	56,400.00	2,413.65
5	89,730.00	244,303.45	2,843.00	25,981.00
8	56,240,653.21	513.25	856.54	21,600,000.00
9	695,423.00	5,883.05	98,523.24	5,879,000.00
10	62,145.23	66,102.00	65,487,240.00	642,100.00

3. 将下列中文大写数字或金额翻译成数码数字或小写金额，使用分节号，小写金额前加注"￥"符号。

序号	中文大写数字或金额(人民币)	数码数字	小写金额
1	伍拾陆万叁仟柒佰零壹		
2	玖佰万零肆佰叁拾叁元整		
3	零点肆肆伍		
4	捌仟柒佰贰拾贰元零角叁分		
5	贰仟贰佰贰拾陆万零伍佰		
6	肆佰贰拾伍万柒仟玖佰零柒元陆角整		
7	捌佰万零叁佰		
8	伍拾玖元叁角壹分		
9	肆万陆仟玖佰零伍元整		
10	柒点陆伍陆肆		

4. 练习错误数字的划线更正。

序号	正确数据	错误数字(请更正)	序号	正确数据	错误数字(请更正)
1	1,009.09	1,009.90	6	120,000	12,000
2	38,980	38,890	7	548,788	458,778

续　表

序号	正确数据	错误数字(请更正)	序号	正确数据	错误数字(请更正)
3	902,209	9,002,209	8	20.87	20.78
4	45,544	45,445	9	365.44	356.44
5	1,798,798	1,978,978	10	25,334.75	25,343.57

任务2　中文大写数字书写

1. 学会中文大写数字的书写。
2. 掌握中文大写金额数字的书写要求。
3. 能够根据小写金额数字规范地写出中文大写金额数字。

在财经工作中,经常要填写发货票、支票、进账单、信汇等结算凭证。填写这些凭证时,除了写小写数字外,还必须填写大写数字,其目的是防止篡改。

中文大写数字包括:零、壹、贰、叁、肆、伍、陆、柒、捌、玖、拾、佰、仟、万、亿。

不得用中文小写,如:〇、一、二、三、四、五、六、七、八、九、十、百、千;也不得任意自造简化字。

在实际财务工作中,中文大写数字后,"元"与"圆"通用。

中文大写金额数字的书写要求如下:
1. 规范书写
中文大写数字金额一律用正楷或行楷书写。
(1) 正楷书写
零 壹 贰 叁 肆 伍 陆 柒 捌 玖 拾 佰 仟 万 亿
(2) 行楷书写
零 壹 贰 叁 肆 伍 陆 柒 捌 玖 拾 佰 仟 万 亿
2. "人民币"的使用
(1) 中文大写金额数字前应标明"人民币"等字样,且其与首个金额数字之间不留空白,数字之间更不能留空白,写数与读数顺序要求一致。
(2) 如果未印货币名称(一般是"人民币"),应当加填货币名称。

人民币贰仟元整 　人民币　贰仟元整

3. "整(正)"字的用法

(1) 中文大写金额数字到"元"或"角"为止的，应当写"整"或"正"字。

人民币伍佰捌拾叁元整　　人民币伍佰捌拾叁元陆角整

(2) 中文大写金额到"分"为止的，可以不写"整"或"正"。

人民币伍佰捌拾叁元陆角伍分

4. 关于"零"的书写

(1) 小写金额数字尾部是"0"，中文大写金额数字不需用"零"表示，用"整"结尾即可。

¥21.30　➡　人民币贰拾壹元叁角整

¥20.00　➡　人民币贰拾元整

(2) 小写金额数字中间有一个"0"时，中文大写金额数字中间要写一个"零"字。

¥211.03　➡　人民币贰佰壹拾壹元零叁分

(3) 小写金额数字中间连续有几个"0"时，中文大写金额数字中间可以只写一个"零"字。

¥2,000.03　➡　人民币贰仟元零叁分

(4) 小写金额数字元位是"0"，角位不是"0"时，中文大写金额数字可以只写一个"零"字，也可以不写"零"字。

¥310.30　➡　人民币叁佰壹拾元零叁角整
　　　　　➡　人民币叁佰壹拾元叁角整

5. 表示数位的文字(拾、佰、仟、万、亿)前必须有数字

¥16.30　➡　人民币拾陆元叁角整　✗
　　　　➡　人民币壹拾陆元叁角整　✓

6. 表示金额范围的书写

"10元至19元"应写成"人民币壹拾元整至人民币壹拾玖元整"。"10万元至19万元"应写成"人民币壹拾万元整至人民币壹拾玖万元整"。

1. 每天书写中文大写数字字帖一篇(时间8—10分钟)。
2. 根据下列小写金额写出中文大写金额。

序号	小写金额	中文大写金额(人民币)
1	¥1,900,250.00	
2	¥39,700.09	
3	¥20,200.00	
4	¥765,231.00	
5	¥31,565,231.00	
6	¥18.80	
7	¥128,600.00	
8	¥320,000.00	
9	¥5,600,600.00	
10	¥230.54	

3. 根据下列小写金额,判断错误大写中的错误原因,并写出正确的大写金额。

小写金额	大写金额		
	错误写法	错误原因	正确写法
¥800.00	人民币捌佰元	少写了"整"字	人民币捌佰元整
¥16,002.00	人民币壹万陆仟另贰元整		
¥19.08	人民币拾玖元捌分		
¥6,170.40	人民币陆仟壹佰柒拾元肆角零分		
¥5,370.40	人民币伍仟叁佰柒拾零元肆角整		
¥6,170.40	人民币　陆仟壹佰柒拾元肆角整		

任务3　数字书写在财经工作中的应用

1. 综合运用数字大小写方法。

2. 学会用数码数字规范记账。
3. 掌握中文大写票据日期的规范写法。

1. 现金缴款单

现金缴款单是单位去银行账户(本单位或其他单位的银行账户)上存现金时填写的凭证。一般第一联银行加盖相关印章后退给单位作为回单,第二联加盖相关印章作为银行的记账凭证,装订入传票。

2. 现金日记账

现金日记账是用来逐日反映库存现金的收入、付出及结余情况的特种日记账。

3. 中文大写票据日期书写

在会计工作中,经常要填写支票、汇票和本票,这些票据的出票日期必须使用中文大写。

票据出票日期使用小写填写的,银行不予受理。大写日期未按要求规范填写的,银行可予受理,但由此造成损失的,由出票人自行承担。

一、填制现金缴款单

【资料】海蓝公司出纳刘丽于 2016 年 12 月 17 日到银行存入如下现金:100 元 19 张,50 元 8 张,20 元 8 张,10 元 10 张,5 元 18 张,2 元 1 张,1 元 1 张,5 角 1 张,1 角 4 张。

【要求】填写现金缴款单。

中国工商银行现金缴款单(回单)

科目：　　　　　　　　　　　2016年12月17日　　　　　　对方科目：

收款单位	全称					海蓝公司			款项来源					销货款		
	账号					164-7654			缴款部门							
人民币(大写)	贰仟陆佰伍拾叁元玖角整								千	百	十	万	千	百	十	元	角	分
												￥	2	6	5	3	9	0
券别	张数	十万	万	千	百	十	元	角	分	券别	张(枚)数	千	百	十	元	角	分
壹佰元	19		1	9	0	0	0	0		伍角	1					5	
伍拾元	8			4	0	0	0	0		贰角							
贰拾元	8			1	6	0	0	0		壹角	4					4	
壹拾元	10			1	0	0	0	0		伍分							
伍元	18				9	0	0	0		贰分							
贰元	1					2	0	0		壹分							
壹元	1					1	0	0									

收款银行盖章
中国工商银行
太原 千峰路支行
2016年12月17日
现金收讫章

二、登记现金收付日记账

【资料】广州鸿兴公司 2017 年 6 月 1 日现金日记账余额为 3,500 元,6 月份发生下列现金收付业务:

业务 1：6 月 4 日，厂部采购员李明出差预借差旅费 1,500 元，以现金支付。
业务 2：6 月 10 日，从银行提取现金 45,000 元，备发工资。
业务 3：6 月 10 日，以现金支付职工工资 45,000 元。
业务 4：6 月 12 日，以现金支付厂部办公用品费 180 元。
业务 5：6 月 25 日，李明出差回来，退回现金 200 元(其余款项尚未报销)。
业务 6：6 月 28 日，销售产品收到现金 351 元。
【要求】根据资料登记现金收付日记账。

现金收付日记账

2017年		凭证号数	对方科目	摘要	收入	支出	余额
月	日						
6	1			期初余额			3,500.00
	4			李明预借差旅费		1,500.00	2,000.00
	10			提取现金	45,000.00		
	10			支付职工工资		45,000.00	
				本日小计	45,000.00	45,000.00	2,000.00
	12			购办公用品		180.00	1,820.00
	25			李明退回借款余额	200.00		2,020.00
	28			销售产品	351.00		2,371.00
	30			本月合计	45,551.00	46,680.00	2,371.00

三、中文大写票据日期的书写要求

1. 月份

(1) 1 月、2 月前零字必写，3 月至 9 月前零字可写可不写。
(2) 10 月应为零壹拾月，11 月、12 月必须写成壹拾壹月、壹拾贰月。

2. 日期

(1) 1 日至 9 日前零字必写，10 日、20 日、30 日应为零壹拾日、零贰拾日、零叁拾日。
(2) 11 日至 19 日、21 日至 29 日必须分别写成壹拾×日、贰拾×日，"×"为相应的中文大写数字，如壹拾贰日、贰拾捌日。31 日必须写成叁拾壹日。

序号	小写日期	大写日期	序号	小写日期	大写日期
1	1月9日	零壹月零玖日	4	10月10日	零壹拾月零壹拾
2	2月15日	零贰月壹拾伍日	5	11月30日	壹拾壹月零叁拾
3	4月18日	肆月壹拾捌日			

1. 填制现金缴款单。

【资料】广州大运发公司出纳李明于 2017 年 3 月 10 日到银行存入如下现金：100 元 60 张，50 元 40 张，20 元 15 张，10 元 13 张，5 元 6 张，2 元 8 张，1 元 4 张。

【要求】填制下列现金存款单。

中国××银行现金存款单（现收传票）

科目				年 月 日					对方科目：				
存款单位全称			账号										
款项来源			开户银行										
人民币（大写）					百	十	万	千	百	十	元	角	分
券别	张数	金额					券别	张数	千	百	十	元	角	分
		十	万	千	百	十	元	角	分						
一百元券										五角券						
五十元券										一角券						
二十元券																
十元券																
五元券																
一元券																

2. 登记现金收付日记账。

【资料】明峰公司 2017 年 7 月 1 日现金日记账余额为 4,500 元，7 月份发生下列现金收付业务：

业务 1：7 月 4 日，从银行提取现金 20,000 元。

业务 2：7 月 6 日，采购部肖肖出差预借差旅费 8,500 元，以现金支付。

业务 3：7 月 10 日，总经理出差预借差旅费 10,000 元，以现金支付。

业务 4：7 月 10 日，以现金支付厂部办公用品费 280 元。

业务 5：7 月 25 日，肖肖出差回来，退回现金 200 元（其余款项尚未报销）。

业务 6：7 月 28 日，销售产品收到现金 3,500 元。

【要求】根据资料登记现金收付日记账。

现金收付日记账

年		凭证号数	对方科目	摘要	收入	支出	余额
月	日						

3. 将下列小写日期写成大写日期。

序号	小写日期	大写日期
1	1月9日	
2	2月15日	
3	4月18日	
4	5月21日	
5	6月7日	
6	8月20日	
7	9月27日	
8	10月10日	
9	11月30日	
10	12月5日	

项目二　人民币真伪辨别与点钞

任务1　人民币真伪辨别

1. 了解人民币及其发行史。
2. 掌握第五套人民币的真伪辨别方法。
3. 能辨别人民币真伪。

一、了解人民币

人民币由中国人民银行设计、印制与发行，为中华人民共和国法定货币。人民币标准货币符号为 CNY，常用缩写为 RMB，人民币符号为"￥"。

二、人民币发行

自 1948 年 12 月 1 日至今，我国已发行了五套人民币。

1. 第一套人民币

1948 年 12 月 1 日开始发行，至 1955 年 5 月 10 停止流通使用的人民币为第一套人民币。第一套人民币共有 12 种面额：1 元、5 元、10 元、20 元、50 元、100 元、200 元、500 元、1,000 元、5,000 元、10,000 元、50,000 元。最小面额为 1 元，最大面额为 50,000 元。下图为第一套人民币 10,000 元和 100 元的示例图。

2. 第二套人民币

1955 年 3 月 1 日公布发行的第二套人民币共有 10 种面额：1 分、2 分、5 分、1 角、2 角、5 角、1 元、2 元、3 元和 5 元；1957 年 12 月 1 日又发行 10 元 1 种。同时，为便于流通，国务院发布命令,自 1957 年 12 月 1 日起发行 1 分、2 分、5 分三种硬币,与纸分币等值流通。下图为第二套人民币的部分示例图。

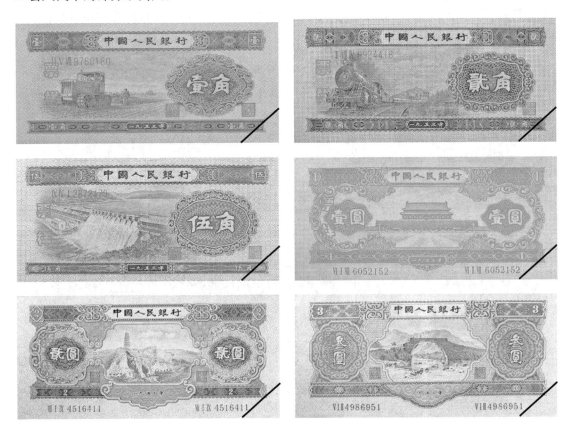

3. 第三套人民币

第三套人民币于 1962 年 4 月 20 日开始陆续发行,2000 年 7 月 1 日停止流通,历时 38 年 2 个月 10 天。这套人民币面额有 1 角、2 角、5 角、1 元、2 元、5 元、10 元共 7 种。与第二套人民币相比,取消了 3 元纸币,增加了 1 角、2 角、5 角和 1 元 4 种金属币。下图为第三套人民币部分示例图。

4. 第四套人民币

中国人民银行自 1987 年 4 月 27 日发行第四套人民币。第四套人民币共有 1 角、2 角、5 角、1 元、2 元、5 元、10 元、50 元、100 元 9 种面额,其中 1 角、5 角、1 元有纸币和硬币 2 种。与第三套人民币相比,增加了 50 元、100 元大面额人民币。下图为第四套人民币部分示例图。

5. 第五套人民币

1999 年 10 月 1 日,在中华人民共和国成立 50 周年之际,中国人民银行陆续发行第五套人民币。第五套人民币共有 1 角、5 角、1 元、5 元、10 元、20 元、50 元、100 元 8 种面额,其中 1 元有纸币和硬币 2 种。下图为第五套人民币部分示例图。

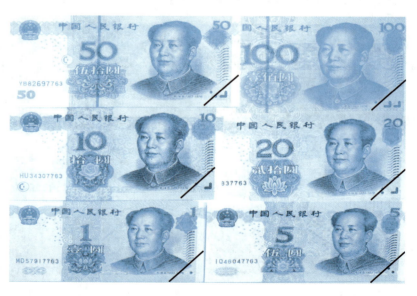

三、第五套人民币防伪特征

1. 固定人像和花卉水印

100元、50元人民币票面正面左侧空白处,迎光透视,可见与主景人像相同、立体感很强的毛泽东头像水印。

20元、10元、5元、1元人民币可见花卉水印。20元是荷花,10元是月季花,5元是水仙花,1元是兰花。

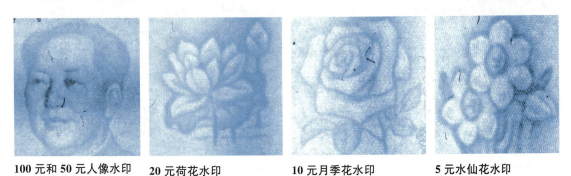

100元和50元人像水印　　**20元荷花水印**　　**10元月季花水印**　　**5元水仙花水印**

2. 安全线

第五套人民币1999年版的5种纸币均采用了安全线技术。

100元、50元采用了磁性缩微文字安全线,迎光观察,可见"RMB 100"的微小文字,仪器检测有磁性;20元采用了带有磁性且明暗相间的安全线;10元、5元的正面中间偏左处带有全息磁性开窗式安全线。

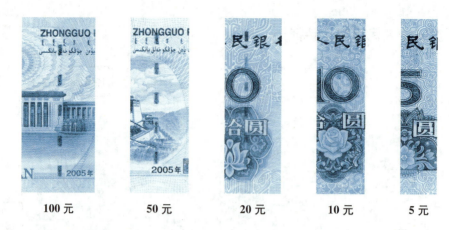

| 100元 | 50元 | 20元 | 10元 | 5元 |

3. 红、蓝彩色纤维

第五套人民币1999年版在票面上,有不规则分布的红色和蓝色纤维。

假币墨色平滑,票面主景线条粗糙,立体感差;票面线条由网、点组成,呈点状结构;无红蓝彩色纤维。

4. 白水印

第五套人民币2005年版取消了红、蓝彩色纤维,增加了透光白水印,在票面正面双色异形横号码下方,迎光透视,可以看到透光性很强的面额数字白水印。

5. 光变油墨面额数字

第五套人民币首次采用了光变油墨技术,用来印刷100元和50元的面额数字。票面正面左下方"100"字样,与票面垂直角度观察为绿色,倾斜一定角度则变为蓝色,50元则由金黄色变为淡绿色。

假币面额数字不变色,有些假币用铅笔涂抹来仿照变色效果。

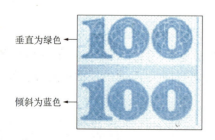 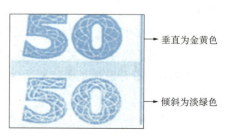

6. 雕刻凹版印刷

票面正面主景的毛泽东头像、中国人民银行行名、面额数字、盲文及背面主景人民大会堂等均采用雕刻凹版印刷,用手指触摸有明显的凹凸感。1999 年版 1 元和 2005 年版各面值正面主景图案右侧,有一组自上而下规则排列的线纹——凹印手感线,有极强的凹凸感。假币整张钞票手感平滑,无凹凸感。

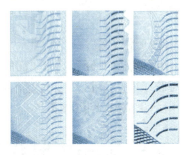

7. 手工雕刻头像

票面正面主景毛泽东头像采用手工雕刻凹版印刷工艺,形象逼真、传神,凹凸感强,易于识别。

8. 阴阳互补对印图案

1999 年版票面正面左下方和背面右下方均有一圆形局部图案,2005 年版票面正面左边中间和背面右边中间部位均有一圆形局部图案,迎光观察,正背面图案重合并组合成一个完整的古钱币图案。

假币对印图案错位或重叠。

9. 隐形面额数字

票面正面右上方有一椭圆形图案,将钞票置于与眼睛接近平行的位置,面对光源作平面旋转 45 度或 90 度角,即可看到面额数字。2005 年版接近与眼睛平行位置对光源上下晃动可见隐形面额数字。没有隐形面额数字的是假币。

10. 胶印缩微文字

100元、50元、10元和5元票面的正上方,20元票面的正面右侧和下方以及背面图案中,多处印有胶印缩微文字,在放大镜下可看到"RMB"和相应面额的阿拉伯数字。

假币胶印缩微文字模糊不清。

11. 双色横号码及横竖双号码

1999年版100元、50元为横竖双号码(均为两位冠字、八位号码),100元横号为黑色,竖号为蓝色;其余面额为双色横号码,号码左半部分为红色,右半部分为黑色。

2005年版100元、50元为双色异型横号码,左半部分为暗红色、右半部分为黑色,字符由中间向左右两边逐渐变小。其余面额同1999年版。真币黑色部分有磁性,假币无磁性。

12. 无色荧光油墨印刷图案

正面"中国人民银行"行名下方胶印底纹处,在特定波长的紫外光下可以看到相应面额阿拉伯数字字样,该图案采用无色荧光油墨印刷,可供机读。

13. 有色荧光油墨印刷图案

100元背面正上方椭圆形图案中的红色纹线,在特定波长的紫外光下显现明亮的橘黄色;

20 元背面的中间在特定波长的紫外光下显现绿色荧光图案；50 元背面在紫外光下也会显现图案。

假币图案在紫外光下图案色彩单一、较暗淡，颜色浓度及荧光强度较差。

四、2015 年版第五套人民币 100 元纸币

中国人民银行于 2015 年 11 月 12 日起发行 2015 年版第五套人民币 100 元纸币。

2015 年版第五套人民币 100 元纸币在保持 2005 年版第五套人民币 100 元纸币规格、正背面主图案、主色调、"中国人民银行"行名、国徽、盲文、汉语拼音行名、民族文字等不变的前提下，对部分图案做了适当调整，对整体防伪性能进行了提升。

1. 票面特征

2015 年版 100 元人民币（正面）

2015 年版 100 元人民币（背面）

2. 防伪特征

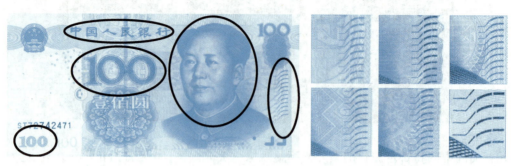

凹印手感线

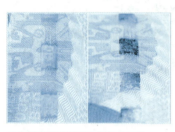

（1）光变镂空开窗线安全线

位于票面正面右侧，垂直票面观察，安全色呈品红色；与票面呈一定角度观察，安全色呈绿色；透光观察，可见安全色中正反交替排列的镂空文字"￥100"。

（2）光彩光变数字

位于票面正面中部，垂直票面观察，数字以金色为主，平视观察，数字以绿色为主。随着观察角度的改变，数字颜色在金色和绿色之间交替变化，并可见到一条亮光带上下滚动。

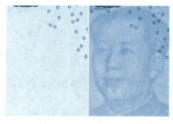

（3）人像水印

位于票面正面左侧空白处，透光观察，可见毛泽东头像。

（4）胶印对印图案

票面正面左下方和背面右下方均有面额数字"100"的局部图案。透光观察，正背面图案组成一个完整的面额数字"100"。

（5）横竖双号码

票面正面左下方采用横号码，其冠字和前两位数字为暗红色，后六位数字为黑色；右侧竖号码为蓝色。

(6) 白水印

位于票面正面横号码下方,透光观察,可以看到透光性很强的水印面额数字"100"。

(7) 雕刻凹印

票面正面毛泽东头像、国徽、"中国人民银行"行名、右上角面额数字、盲文及背面人民大会堂等均采用雕刻凹印印刷,用手指触摸有明显的凹凸感。

一、第五套人民币真伪辨别

第五套人民币真伪辨别的方法可以归纳为"一看、二摸、三听、四测"。

1. 一看

用眼睛仔细观察票面外观颜色、固定人像水印、安全线、胶印缩微文字、红色和蓝色纤维、隐形面额数字、光变油墨面额数字、阴阳互补对印图案、横竖双号码等,试试能否找出破绽、漏洞及伪造痕迹。

眼看检查三重点:一是检查纸张水印,二是检查安全线,三是检查正背对印。

2. 二摸

手摸的主要方法是:一摸钞票的纸质。人民币是采用特种材料,用专用设备抄造而成的,其纸质表面光滑、厚薄均匀,纸张挺括,手感好。二摸钞票人像、行名、面额数字、盲文面额标记、深色花边等。人民币采用雕刻凹版印刷技术,用手触摸有凹凸感,用手指来回抚摸时发涩。假钞多采用平版胶印或复印机复印,墨层薄,用手指抚摸平滑。

手摸检查三部位:一摸凹印手感线与人像衣领下方,二摸大面额数字,三摸盲文面额标记。

3. 三听

耳听的主要方法是:对有六成新以上的钞票,用手抖、甩、弹时,真钞能够发出清脆的声音,而假钞声音发闷。耳听检查三个字:"抖"、"甩"、"弹"。

4. 四测

检测就是借助一些简单工具和专用仪器进行钞票真伪识别的方法。

如借助放大镜来观察票面线条的清晰度、胶印、凹印缩微文字等;用紫外灯光照射钞票,观察有色和无色荧光油墨印刷图案,纸张中不规则分布的黄、蓝两色荧光纤维;用磁性检测仪检测黑色横号码的磁性。

二、真假币辨别要点说明

防伪特征	图 片	真 币	假 币
固定人像水印		印刷中自成人像,层次分明,立体感很强	在纸张夹层中涂抹白色浆料模压图案或在纸张表面直接盖浅淡水印图案,层次立体感较差
全磁性安全线		在纸张内部,仪器检测有磁性,开窗部分有人民币××元字样	无磁性或磁性不稳定
手工雕刻头像		形象逼真,线条清晰,凹凸感强	全胶印印刷,手感平滑,线条模糊,无凹凸感
隐形面额数字		旋转45度或90度,清晰看到面额数字	数字无隐藏
光变油墨面额数字		随视角变化,颜色变化明显	变色无规律,或无变化
胶印对印图案		正背面图案重合,组成完美古钱币	正背面古钱币图案错位
凹印手感线		雕刻凹版印刷工艺印制,触摸头像、行名、盲文有极强的凹凸感	手感平滑,无凹凸感或凹凸感不明显

1. 简述人民币真假的识别方法。
2. 简述 2015 年版第五套人民币 100 元纸币的防伪特征。
3. 以第五套人民币 2005 年版 50 元为例，用线条标出并写出各防伪特征。

任务 2　点　钞　技　术

1. 了解点钞的基本程序和要求。
2. 学习点钞的基本要领。
3. 掌握单指单张、多指多张点钞法。
4. 掌握机器点钞操作。

点钞即票币整点，它是财经商贸类专业学生及银行工作者应该学习的一项专业技术，也是从事财会、金融、商品经营等工作必须具备的基本技能。点钞作为整理、清点货币的一项专门技术，对于为社会经济提供信用中介、支付中介以及各项金融服务的银行业来说尤其重要。

一、点钞的基本程序

1. 审查现金收、付款凭证及其所附原始凭证的内容，看是否填写清楚、齐全，以及两者内容是否一致。
2. 依据现金收、付款凭证的金额，先点大数（即整数），再点小数（即零数）。
3. 从整数至零数，逐捆、逐把、逐卷地拆捆点数，应暂时保存原有的封签、封条，以便发现差错时证实和区分责任，点数无误后才可扔掉。
4. 点数无误后，即可办理具体的现金收付业务。

二、点钞的基本要求

点钞的基本要求就是要做到"准"、"快"、"好"。

所谓"准"就是钞券清点不错不乱,准确无误。"快"是指在"准"的前提下,加快点钞速度,提高工作效率。"好"就是清点的钞券要符合"把钱捆好"的要求。

三、点钞的基本方法

点钞的基本方法分类如下图所示。

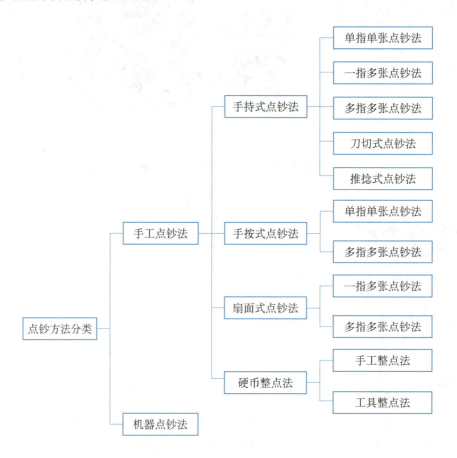

四、点钞的操作流程

点钞的操作流程:拆把→点数→扎把→盖章。
1. 拆把:把待点的成把钞票的封条拆掉。
2. 点数:手点钞,脑计数,点准一百张。
3. 扎把:把点准的一百张钞票墩齐,用腰条扎紧。
4. 盖章:在扎好的钞票的腰条上加盖经办人名章,以明确责任。

五、点钞的基本要领

1. 姿势要端正,手指与钞票的接触面要小

直腰挺胸,全身自然,肌肉放松,双肘自然放在桌上,持票的左手腕部接触桌面,右手腕部稍微抬起,整点货币轻松持久,活动自如。

手工点钞时,捻钞的手指与票子的接触面要小。如果手指与票子的接触面大,手指往返动作的幅度随之增大,从而使手指频率减慢,影响点钞速度。

2. 操作要定型,用具放置要定位

点钞时,需用的凭证、笔、海绵、印泥、印章、纸条(也称扎条、腰条)或点钞机具等要根据自己平常工作习惯,按固定位置放好。一般将扎条放在捻钞的一侧,大多放在右侧,以最有利于使用和配合钞票的放置为原则。

3. 钞票要清理整齐

由于企业或银行收进的钞票中可能有些会破损、弯折,所以在清点钞票之前,要将某些破裂、折

角、揉搓过的钞票整直、抹平。这样处理之后,每张钞票都清理得整齐、平直了,整齐、平直的钞票有利于点钞的准确性,这是点准钞票的前提。将钞票清理好后,成坡形放在桌面上堆放整齐,对手工点钞来说,一般置于持钞的一侧,大多在左侧。

4. 动作要连贯

动作连贯是提高点钞技术的质量和效率的必要途径。它包括两方面内容:

一是指点钞过程要连贯。即拆把、持钞、捻钞、墩齐、扎把、盖章等每个环节必须紧密配合,环环扣紧,如点完100张墩齐钞票的同时左手持票,右手取纸条,随即左手的钞票跟上去迅速扎好小把,在左手放钞票的同时,右手取另一把钞票,这是扎把与持票之间动作的连贯。不管是手工点钞还是机器点钞,第一组连续动作和第二组连续动作之间,要尽量缩短或不留空隙时间,当一组的最后一个动作即将完成时,第二组的第一个动作应该快速跟上,以便保持连续性。

二是指捻钞的动作要连贯。即捻钞时双手动作协调,速度均匀,切勿忽快忽慢。

5. 钞票扇面形成要均匀

钞票在清点前,可以把票面打成扇形或坡形,使票面有一个坡度,也就是扇面上每张钞票的间隔距离必须一致,使之在捻钞过程中不易夹张。

6. 钞票要墩齐

墩齐包括两个方面:

一是点完一把钞票在进行扎把之前,首先要把钞票墩齐,其标准是四条边水平,卷角要拉平,不露头或呈梯形错开。

二是在每一把钞票点好之后,应该同点钞之前一样,整齐置放于捻钞的一侧,以利于盖章。

7. 钞票要捆紧

扎小把合格的判断标准为:提起把中一张钞票不能被抽出。

按"井"字形捆扎的大捆,以用力推不变形、抽不出把为标准。

8. 盖章要清晰

盖章是点钞过程的最后一环,是分清责任的标志。当钞票点完后,应在纸条上加盖点钞人名章,表示对此把钞票的质量和数量负责。因此,盖章必须清晰,以看得清行名、姓名为准。

一、手持式点钞法

1. 手持式单指单张点钞法

手持式单指单张点钞法是一种基本的点钞方法,其他多数点钞方法都是在此基础上演变发展而来的。这种点钞法的优点是:由于持票所占的票面小,能看到票面的3/4,便于认识真伪和挑剔残破券,因此是目前应用最广泛的一种点钞方法。缺点是:一张计一次数,劳动强度大,工作效率低。

(1) 持币

① 身体姿势

注意姿势:身体坐直,两肩要平,两臂肘关节放在桌面上,持币的左手手腕贴桌面,手心朝内,右手手腕抬起,两臂角度约为120度,眼睛距离票面20厘米左右,做好点钞的准备。

② 手上动作

左手横执钞票,左手拇指在钞票正面左端约四分之一处,食指与中指在钞票背面,与拇指同时捏住钞票;无名指与小指自然弯曲并伸向票前左下方,与中指夹紧钞票,食指伸直;拇指向上移动,按住钞票侧面,将钞票压成瓦形,顺势将钞票向上翻成微开的扇形。右手拇指、食指做点钞准备。

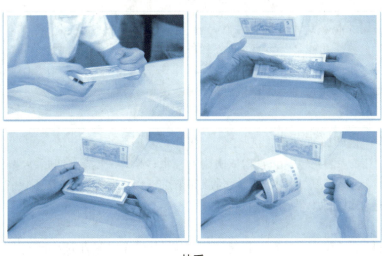

持币

(2) 清点

① 右手食指托住钞票背面右上角,用拇指尖逐张向下捻动钞票右上角。
② 右手食指在钞票背面的右端配合拇指捻动,左手拇指要配合右手起自然助推的作用。
③ 右手的无名指将捻起的钞票向怀里弹,要注意轻点快弹。

(3) 计数

计数与清点同时进行。在点数速度快的情况下,往往由于计数迟缓而影响点钞的效率,因此计数应该采用分组计数法。把10作1记,即1、2、3、4、5、6、7、8、9、1(即10)、1、2、3、4、5、6、

7、8、9、2(即 20)，以此类推，数到 1、2、3、4、5、6、7、8、9、10(即 100)。采用这种计数法，计数既简单又快捷，既省力又好计。但计数时要默记，不要念出声，做到脑、眼、手密切配合，既准又快。

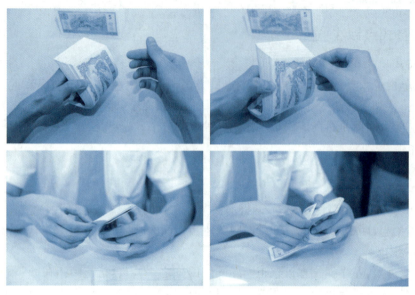

清点

点钞技巧

➢ 右手拇指接触票面的面积越小，速度越快。

➢ 票币的左下角在同一个点上，左手的 3 指、4 指夹紧票币，两指的第二关节在一平面上，防散把。

➢ 票面左侧推出的小扇面每张距离均匀。

2. 手持式四指四张点钞法

点钞时用小指、无名指、中指、食指依次捻下一张钞票，一次清点四张钞票的方法，也叫四指四张点钞法。这种点钞法适用于收款、付款和整点工作，这种点钞方法不仅省力、省脑，而且效率高。能够逐张识别假钞票和挑剔残破钞票。

(1) 持币

用左手持钞，中指在前，食指、无名指、小指在后，将钞票夹紧，四指同时弯曲将钞票轻压成瓦形，拇指在钞票的右上角外面，将钞票推成小扇面，然后手腕向里转，使钞票的右里角抬起，右手五指准备清点。

持币

（2）清点

右手腕抬起,拇指贴在钞票的右里角,其余四指同时弯曲并拢,从小指开始每指捻动一张钞票,依次下滑四个手指,每一次下滑动作捻下四张钞票,循环操作,直至点完100张。

（3）计数

采用分组计数法。每次点四张为一组,计满25组为100张。

清点

二、手按式点钞法

1. 手按式单指单张点钞法

手按式单指单张点钞法适用于收、付款和整点各种新、旧、大、小钞票,尤其适用于不足100张零票的整点。由于使用这种点钞方法看到的票面幅度较大,便于挑剔损伤券,因此,在整点辅币及残破券多的钞票时常用此法。其操作方法分以下几个步骤:

（1）拆把

拆把即将扎好的钞票撕断纸条,平放在桌上,为整点做准备。

（2）清点

点钞时,将钞票横放在桌上,并正对着身体,用左手无名指、小指按住钞票左上角,用右手大拇指托起钞票右下角的一部分,用右手食指捻住钞票,其余手指自然弯曲,每捻起一张,左手大拇指便向上推动,送到左手的食指与中指之间夹住,这样就完成了一次点钞动作。依此连续操作。

（3）计数

计数采用双数计数法,从2、4、6、8、10数起,一直数到100张;或者采用分组计数法。值得注意的是,在采用这种点钞方法时,右手拇指托起的钞票不要太多,也不能太少,否则会影响清点效率。

2. 手按式三指三张点钞法

手按式三指三张点钞法适用于收付和整点多种新旧主币、角币。其优点是速度快,但由于除了第一张外,其余各张所能看到的票面较小,不宜整点残破券多的钞票。这种点钞方法可以分成放票、捻钞、计数等步骤。其操作过程是:

（1）放票

把钞票斜放在桌面上,使其右下角伸出桌面,椅子要斜放,使身体与桌面成三角形,便于右手肘部枕在桌面上,使操作省力。同时,右手的食指、中指、无名指和小指沾水准备捻钞。

（2）捻钞

以左手小指、无名指、中指按住钞票的左上角,右手肘枕在桌面上,大拇指托起右下角的部分钞票(不宜过多或过少),小指卷曲。三张点钞是无名指先捻第一张,随即以中指、食指依顺序捻起第二张、第三张。点数时要注意手指不宜抬得过高。

（3）计数

采用分组计数法计数。三张点钞法以每三张为一组,计一次数,数到33组最终剩一张,就是100张。

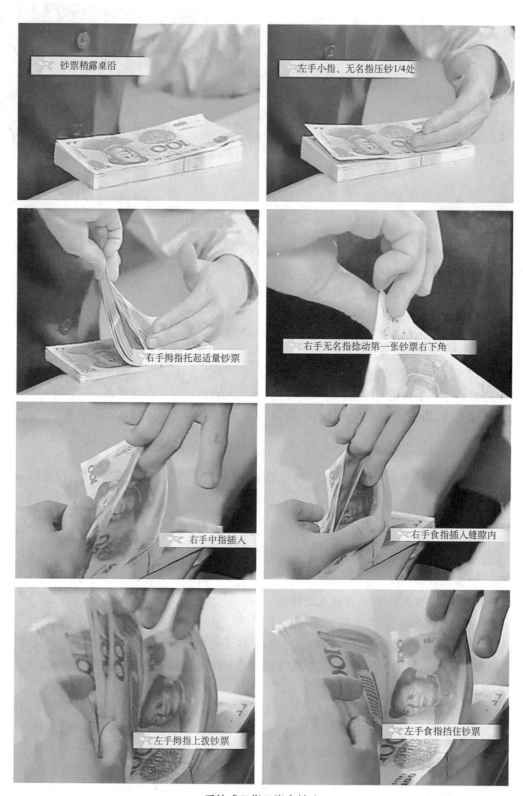

手按式三指三张点钞法

三、扎把盖章

1. 扎把

(1) 缠绕式

临柜收款采用此种方法,需使用牛皮纸腰条,其具体操作方法介绍如下:

① 将点过的钞票 100 张墩齐。

② 左手从长的方向拦腰握着钞票,使之成为瓦状(瓦状的幅度影响扎钞的松紧,在捆扎中幅度不能变)。

③ 右手握着腰条头将其从钞票的长的方向夹入钞票的中间(离一端 1/3—1/4 处)从凹面开始绕钞票两圈。

④ 在绕完两圈后用左手食指按住腰条与钞票厚度交界处,将腰条向右折叠 90 度,右手食指将腰条头掖进钞票与腰条间的空隙。

⑤ 整理钞票。

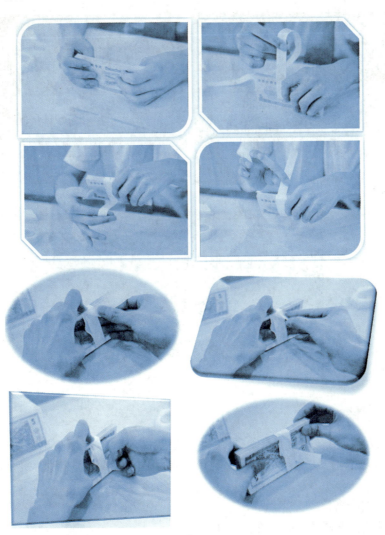

扎把

（2）扭结式

考核、比赛采用此种方法，需使用绵纸腰条，其具体操作方法介绍如下：

① 将点过的钞票100张墩齐。

② 左手握钞，使之成为瓦状。

③ 右手将腰条从钞票凸面放置，将两腰条头绕到凹面，左手食指、拇指分别按住腰条与钞票厚度交界处。

④ 右手拇指、食指夹住其中一端腰条头，中指、无名指夹住另一端腰条头，并合在一起，右手顺时针转180°，左手逆时针转180°，将拇指和食指夹住的那一头从腰条与钞票之间绕过、打结。

2. 盖章

（1）左手夹住全部钞把，摆放整齐。

（2）右手从桌面拿起名章，将名章盖在侧面腰条上，不要漏盖。

（3）印章要盖得工整、清晰。

四、机器点钞

机器点钞就是使用点钞机整点钞票，用机器代替手工点钞，能减少出纳员的体力劳动，提高点钞效率，一般时速可达5万—7万张，比手工点钞快一至两倍。因此，每个出纳员均应掌握此方法。

1. 点钞前的准备

使用点钞机前，需要做好以下准备工作：

（1）放置点钞机

将点钞机平放在桌面上，一般放在点钞人员的正前方。

（2）用品摆放

将待点钞票放置在机器的右侧，按钞票面值自左至右依次排放；捆钞条、沾水池、名章、笔分别放置在点钞机下方。

（3）试机

打开电源，观察荧光数码显示是否正常。按下功能键，先仔细观察捻钞轮、接钞轮、接钞板和转速等是否正常；然后拿一把钞票试点，看机器运转是否均匀、下钞是否流畅、点钞是否准确、落钞是否整齐。

2. 点钞的操作程序

（1）持钞拆钞

右手拿起一把待点钞票，拇指、中指、无名指和小指分别捏住钞票两端，错开捆钞条处稍加力，使钞票形成弯曲状；左手顺势将捆钞条撸掉。

（2）下钞

右手横握钞票，将钞票捻成前低后高的坡形，然后横放在点钞机的滑钞板上，并使钞票顺着滑钞板形成自然斜度。

（3）捆钞

双手将清点准确的钞票墩齐，右手取过捆钞条进行捆扎，同时眼睛紧盯着点钞机上传动的钞票。捆扎好的钞票应放在点钞机的左侧。

（4）计数盖章

观察计数器上的数字，抄写在钞票捆钞条的正面中央。全部清点完毕后，将捆好的小把钞票墩齐，逐把在钞票捆钞条上端加盖点钞人员名章，盖章应整齐、清晰、方向一致。

3. 机器点钞的注意事项

机器点钞过程中，只要下钞正常，目光要集中在输钞带上，直至下钞完毕，目光再移到计数器上，看张数是否正确。做到二看、二清、二防、二复、二经常。

二看：看清跑道票面，看准计数。

二清：券别、把数分清和接钞台取清。

二防：防留张，防机器吃钞。

二复：发现钞券有裂缝和夹带纸片要复，计数不准时要复。

二经常：经常检查机器底部，经常保养、维修点钞机。

五、点钞基本功的训练

点钞的基本功在于手、眼、脑的密切分工与配合，即：双手点钞，双眼看钞，脑子计数。其训练主要在于以下三个方面：

一是练手。手指要灵活、接触的感觉要灵敏，动作的幅度要小，要达到捻钞不重张。

二是练眼。眼睛与手指相配合，在手指迅速捻动钞票的过程中，能辨别张数、识别残破券和假钞。

三是练脑。大脑与手、眼协作，计数要准、快，时刻掌握已清点的张数。

任务巩固

一、理论知识

1. 点钞的基本要求是什么？
2. 点钞的基本程序、操作流程是什么？
3. 手工点钞的方法有哪些？
4. 机器点钞的准备工作有哪些？有哪些注意事项？

二、训练要求与考核标准

1. 训练要求

（1）点钞方法的训练：单指单张和多指多张各选一种方法进行练习。

（2）每4人组成一个小组，互相面对面计时点钞，每天一小测，每周一大测。

训练成绩记录表

序号	姓名	时间	单指单张	多指多张
1		分钟	把	把
2		分钟	把	把
3		分钟	把	把
4		分钟	把	把

2. 考核标准

序号	时间	把数	评价等级
1	15分钟	20把	及格
2	15分钟	25把	良好
3	15分钟	30把	优秀

项目三 企业成立

任务1 工商注册登记

1. 了解企业的形式。
2. 掌握公司注册的流程。
3. 学会办理工商注册登记。

一、企业的形式

企业的形式主要有：个人独资企业、合伙企业、公司制企业。

1. 个人独资企业

个人独资企业指在中国境内设立，由一个自然人投资，财产为投资人个人所有，投资人以其个人财产对企业债务承担无限责任的经营实体。

2. 合伙企业

合伙企业指在中国境内设立的由各合伙人订立合伙协议，共同出资、合伙经营、共享收益、共担风险，并对合伙企业债务承担无限连带责任的营利性组织。合伙企业可以分为普通合伙和有限合伙。

3. 公司制企业

公司制企业指由两个以上投资人（自然人或法人）依法出资组建，有独立法人财产，自主经营、自负盈亏的法人企业。公司制企业包括有限责任公司和股份有限公司。

二、开办企业的准备

开办企业的准备工作包括以下几点：
(1) 资金筹集；
(2) 场地租赁；
(3) 人员安排；
(4) 可行性分析；
(5) 办理工商税务注册，公司正式成立。

三、新公司注册流程

1. 办理企业名称核准

第一步：填写《名称预先核准申请书》、《授权委托意见》，同时准备相关材料；

第二步：递交《名称预先核准申请书》、投资人身份证、备用名称若干及相关材料，等待名称核准结果；

第三步：领取《企业名称预先核准通知书》。

 知识链接

根据《企业名称登记管理规定》，企业名称不得含有以下内容和文字：
（一）有损于国家、社会公共利益的；
（二）可能对公众造成欺骗或者误解的；
（三）外国国家（地区）名称、国际组织名称；
（四）政党名称、党政军机关名称、群众组织名称、社会团体名称及部队番号；
（五）汉语拼音字母（外文名称中使用的除外）、数字；
（六）其他法律、行政法规规定禁止的。

2. 准备材料

（1）企业设立登记相关的申请书包括：
①《企业设立登记申请表》；
②《单位投资者（单位股东、发起人）名录》；
③《自然人股东（发起人）、个人独资企业投资人、合伙企业合伙人名录》；
④《投资者注册资本（注册资金、出资额）缴付情况》；
⑤《法定代表人登记表》；
⑥《董事会成员、经理、监事任职证明》；
⑦《企业住所证明》等。
（2）公司章程（全体股东亲笔签字，法人股东加盖该法人单位公章）。
（3）《企业名称预先核准通知书》及《预核准名称投资人名录表》。

3. 网上提交申请

登录工商局网站，注册登录账号，提交材料，审核通过后在工商局网站约定提交书面材料的时间。

4. 提交书面材料，登记受理，领证

按预约的时间提交书面材料，工商局受理登记，合格后企业领取营业执照。

5. 刻公章

凭营业执照，到公安局指定的刻章社，刻公章、合同章、财务章等。

6. 办理国地税的税务信息登记

到所在区的国地税大厅办理税务信息登记。

7. 去银行开立银行基本户

携带公司营业执照正副本原件、法定代表人身份证原件、公章、财务章、法定代表人专用章到任一银行办理基本户开户手续。

知识链接

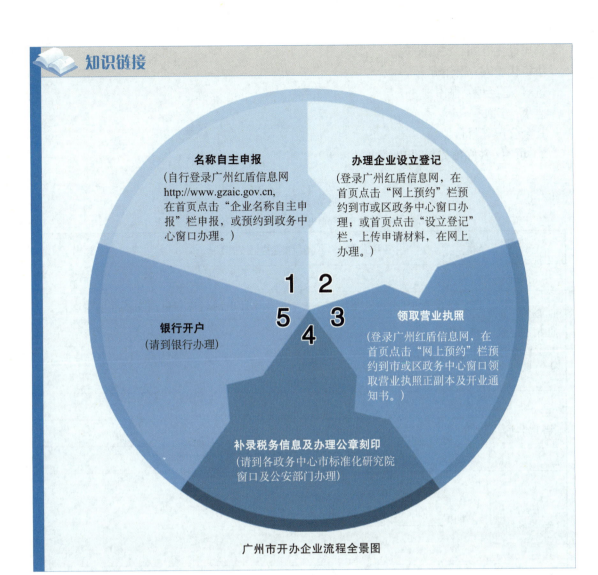

广州市开办企业流程全景图

一、企业名称预核准申请

1. 企业背景资料

2017年7月1日，申请成立一家公司，基本情况如下：

公司名称：广州学友文具有限公司（要求：再自拟两个备选名称）

企业经营范围：文体用品、百货、办公用品、五金交电、计算机及配件的销售

企业注册资本：200万元

企业类型：有限责任公司

企业所在地：广州市天河区光明路88号

投资人及投资额：程伟雄出资120万元，李凯出资80万元

公司设立方式：发起设立

法定代表人：程伟雄

董事、总经理：程伟雄

监事：李凯

其余公司资料自拟。

2. 填写《名称预先核准申请书》

名称预先核准申请书

注：请仔细阅读本申请书《填写说明》，按要求填写。

☐ 名称预先核准（名称变更预先核准）		
申请名称		
原企业、企业集团、农民专业合作社信息	注：已设立企业、企业集团、农民专业合作社申请名称变更预先核准填写本栏。	
	原名称	
	注册号（集团登记证号）/统一社会信用代码	
备选名称	1.	
	2.	
	3.	
住所（经营场所）	广州市_____区_____	
注册资本（金）或出资总额	币种：_____，数额：_____万元	企业类型
经营范围（业务范围）		

续 表

投资人或设立人（隶属企业）	名称或姓名	证照名称及号码

□企业集团冠省名或市名申请

母公司与子公司注册资本（金）总和	币种：_____，数额：_____万元		
集团成员	企业名称	证照号码	注册资本（金）
	母公司		_____万元
	子公司		_____万元
	子公司		_____万元
	子公司		_____万元
	子公司		_____万元

□已预先核准名称项目调整（投资人、设立人除外）

已核准名称		通知书文号	
拟调整项目	原申请内容	拟调整内容	

□已预先核准名称延期申请

已核准名称		通知书文号	
原有效期		有效期延至	____年____月____日

续 表

登记机关审查意见(仅限于申请冠省名或市名)
经初审,该企业(企业集团、农民专业合作社)拟在我局登记,提交申请材料齐全,所填内容符合法定形式,拟同意其名称(变更)预先核准: 　　□同意其使用名称：_____。 　　□同意其名称由_____变更为： _____。 　　请予核准。   　　　　　　　　　　　　　　　　　　（登记机关印章） 　　　　　　　　　　　　　　　　　　　年　　月　　日

指定代表或者共同委托代理人			
具体经办人姓名		身份证件号码		联系电话	
授权期限	自　　年　　月　　日至　　年　　月　　日			
授权权限：1. □同意　□不同意　核对登记材料中的复印件并签署核对意见。 　　　　　2. □同意　□不同意　修改有关表格的填写错误。 　　　　　3. □同意　□不同意　领取《企业名称预先核准通知书》。			
（指定代表或委托代理人、具体经办人身份证件复印件粘贴处）			
申请人签字或盖章	 　　　　　　　　　　　　　　　　　　年　　月　　日		

名称预先核准申请书填写说明

注：以下"说明"供填写申请书参照使用，不需向登记机关提供。

1. 本申请书适用于所有企业、企业集团、农民专业合作社及其分支机构，营业单位的名称预先核准，企业集团冠省名或市名预先核准，企业名称项目调整（投资人、设立人除外）、名称延期申请等。向登记机关提交的申请书只填写与本次申请有关的栏目。

2. 申请人应根据《企业名称登记管理规定》和《企业名称登记管理实施办法》有关规定申请企业、企业集团、农民专业合作社名称预先核准，所提供信息应真实、合法、有效。

3. 名称由行政区划、字号、行业或者经营特点、组织形式依次组成，可以将行政区划放在字号之后，组织形式之前。名称中的行业应当参照国民经济行业类别表述，法律、法规另有规定的，从其规定。例：广东××贸易有限公司或者××贸易（广东）有限公司、××（广东）贸易有限公司。

4. 申请新设企业、企业集团、农民专业合作社名称预先核准的，无需填写"原企业、企业集团、农民专业合作社信息"栏；申请名称变更预先核准的，无需填写"投资人或设立人（隶属企业）"栏。设立人是指农民专业合作社设立时自愿成为该社成员的人。

5. 企业集团申请冠省名或市名的填写"名称预先核准（名称变更预先核准）"栏和"企业集团冠省名或市名申请"栏。其中，"住所（经营场所）"栏、"注册资本（金）或出资总额"栏、"经营范围（业务范围）"栏、"投资人或设立人（隶属企业）"栏等无需填写。

6. "企业类型"栏应根据以下具体类型选择填写：有限责任公司、股份有限公司、分公司、非公司企业法人、营业单位、企业非法人分支机构、个人独资企业、合伙企业、非公司外商投资企业。企业集团、农民专业合作社无需填写该栏。

7. "经营范围"栏只需填写与名称中行业表述相一致的主要业务项目，参照《国民经济行业分类》国家标准及有关规定填写。经营范围涉及前置许可事项的，应当按照相关批准文件表述；批准文件没有表述或者表述不规范的，参照《国民经济行业分类》国家标准表述。不涉及前置许可事项的，参照《国民经济行业分类》国家标准表述；《国民经济行业分类》中没有规范的新兴行业或者具体经营项目，参考政策文件、行业习惯或者专业文献表述。

8. 申请新设名称预先核准，对已核准名称项目进行调整或延长保留期的，申请人为全体投资人或设立人。其中，自然人投资的由本人签字，非自然人投资的由其法定代表人（或有权签字人）签字并加盖公章。申请名称变更预先核准的，申请人为企业、企业集团或农民专业合作社。

9. 在原核准名称不变的情况下，可以对已核准名称项目进行调整，如住所（经营场所）、注册资本（金）或出资总额等，变更投资人（设立人）项目的除外。

10. 已设立企业、企业集团、农民专业合作社申请冠省名或市名的，须由登记机关出具审查意见并加盖登记机关印章。

11. 预先核准的名称保留期为三个月。投资人（设立人）可以在名称保留期满前五个工作日内申请延长三个月，申请延期时应缴回《名称预先核准通知书》原件，经延长保留期的名称不得再次申请延期。保留期满未办理商事主体登记的，预先核准的名称自动失效。

12. 指定代表或委托代理人、具体经办人应在粘贴的身份证件复印件上用黑色或蓝黑色钢笔、签字笔签字确认"与原件一致"。

13. "投资人或设立人（隶属企业）"项及"已核准名称项目调整（投资人、设立人除外）"项可加行续写或附页续写。

14. 申请人提交的申请书应当使用A4型纸。依本表打印生成的，使用黑色或蓝黑色钢笔、签字笔签署；手工填写的，使用黑色或蓝黑色钢笔、签字笔工整填写、签署。

◆ 如果名称申请成功,工商管理部门会向企业发出如下通知书:

受理号:

企业名称预先核准通知书

（　　）名称预核(内)字〔　　〕第　　号

_____：

根据《企业名称登记管理规定》、《企业名称登记管理实施办法》及有关法律、行政法规规定,准予预先核准下列由_____个投资人出资设立的企业名称为:_____
_____

投资人姓名或名称:_____

以上预先核准的企业名称有效期6个月,至____年__月__日有效期届满自动失效。在有效期届满前30日,申请人可向登记机关申请延长有效期,有效期延长不超过6个月。

预先核准的企业名称不得用于经营活动,不得转让。经登记机关设立登记,办理营业执照后企业名称正式生效。

核准日期：　年　月　日

注：

1. 本通知书不作为对出资人出资资格的确认文件,申请人应当认真阅读《一次性告知单》有关投资人出资资格的规定,投资人应符合法定出资资格,不具备出资资格的应当更换出资人。

2. 设立登记时,有关事项与本通知书不一致的,登记机关不得以本通知书预先核准的企业名称登记。

3. 企业名称涉及法律、行政法规规定必须报经审批,未能提交审批文件的,登记机关不得以预先核准的企业名称登记注册。

◆ 如果名称未获通过(如已有同样或类似的企业名称,或名称不符合有关规定),则工商管理部门会向企业发出如下通知:

企业名称驳回通知书

（　　）登记内驳字〔　　〕第　　号

_____：

提交的企业名称预先核准申请,我局决定不予核准。

不予核准理由如下：_____
_____
_____
_____

如对本决定持有异议,可以自收到本通知后 60 日内依据《中华人民共和国行政复议法》的规定,向上级行政机关申请行政复议,也可以自收到本通知后三个月内依据《中华人民共和国行政诉讼法》的规定,直接向人民法院提起行政诉讼。

(印章)

年 月 日

(本通知适用于企业名称预先核准申请)

二、办理营业执照

营业执照是工商行政管理机关发给工商企业、个体经营者的准许从事某项生产经营活动的凭证。其格式由国家工商行政管理局统一规定。

营业执照的登记事项为:名称、地址、负责人、资金数额、经济成分、经营范围、经营方式、从业人数、经营期限等。营业执照分正本和副本,二者具有相同的法律效力。正本应当置于公司住所或营业场所的醒目位置,营业执照不得伪造、涂改、出租、出借、转让。

没有营业执照的工商企业或个体经营者一律不许开业,不得刻制公章、签订合同、注册商标、刊登广告,银行不予开立账户。

注:营业执照上的统一社会信用代码是企业唯一的"身份证号"。

1. 填写《公司登记(备案)申请书》

公司登记(备案)申请书

注：请仔细阅读本申请书《填写说明》，按要求填写。

□基本信息				
名　　称				
名称预先核准文号或注册号/统一社会信用代码				
住　　所	＿＿＿市＿＿＿区＿＿＿＿＿＿＿			
生产经营地	＿＿＿市＿＿＿区＿＿＿＿＿＿＿			
联系电话		邮政编码		
□设立				
法定代表人姓名		职务	□董事长 □执行董事 □经理	
注册资本	＿＿＿＿万元	公司类型		
设立方式（股份公司填写）	□发起设立		□募集设立	
经营期限	□＿＿＿年　□长期	申请执照副本数量	＿＿＿个	
□变更				
变更项目	原登记内容		申请变更登记内容	
□备案				
经营范围	一般经营项目：			

续 表

	许可经营项目：				
分公司 □增设 □注销	名称		注册号/统一 社会信用代码		
	登记机关		登记日期		
经营场所	1				
	2				
	3				
清算组	成 员				
	负责人		联系电话		
其 他	□董事 □监事 □经理 □联络员 □财务负责人 □章程 □章程修正案				

□申请人声明

本公司依照《公司法》、《公司登记管理条例》、《广东省商事登记条例》、《广州市商事登记暂行办法》相关规定申请登记、备案，提交材料真实有效。通过联络员登录企业信用信息公示系统向登记机关报送、向社会公示的企业信息为本企业提供、发布的信息，信息真实、有效。

法定代表人签字：
或清算组负责人(仅限清算组备案)签字：　　　　　　　　　　　　公司盖章
　　　　　　　　　　　　　　　　　　　　　　　　　　　　　　年　月　日

公司登记(备案)申请书填写说明

注： 以下"说明"供填写申请书参照使用，不需向登记机关提供。

1. 本申请书适用于有限责任公司、股份有限公司向公司登记机关申请设立、变更登记及有关事项备案。向登记机关提交的申请书只填写与本次申请有关的栏目。

2. "基本信息"栏中的"住所"是指公司主要办事机构所在地，"住所"栏无法按照格式填写的，在横线上填写。"生产经营地"栏根据实际情况填写，生产经营地应在登记机关的管辖范围内。"名称预先核准文号或注册号/统一社会信用代码"栏，申请设立登记时已办理名称预先核准的填写"名称预先核准文号"，未申请名称预先核准的无需填写；申请变更登记或备案时填写"统一社会信用代码"或"注册号"。

3. 申请公司设立登记，填写"基本信息"栏、"设立"栏、"备案"栏有关内容及附表1"法定代表人信息"、附表2"董事、监事、经理信息"、附表3"股东(发起人)出资情况"、附表4"联络员信息"、附表5"财务负责人信息"、附表6"承诺书"。"申请人声明"栏由公司拟任法定代表人签字，无需加盖公司公章。附表3可加行续写或附页续写。

4. 公司申请变更登记，填写"基本信息"栏、"变更"栏有关内容及附表6"承诺书"；"变更项目"栏的"原登记内容"、"申请变更登记内容"均只填写申请变更的栏目。"申请人声明"栏由公司原法定代表人签字并加盖公司公章，申请单项法定代表人变更的可由公司原任法定代表人或者拟任法定代表人签字并加盖公司公章。申请变更登记同时申请"备案"的，还需填写"备案"栏有关内容。申请公司名称变更，且在名称中增加"集团"或"(集团)"字样的，应当填写集团名称、集团简称(无集团简称的可不填)；申请公司法定代表人变更的，还需填写附表1"法定代表人信息"；申请股东变更、股东(发起人)改变姓名或名称的，还需填写附表3"股东(发起人)出资情况"。"变更项目"可加行续写或附页续写。

在公司住所以外增设经营场所的，应当申请变更登记，填写"备案"栏有关内容，可加行续写或附页续写。增设经营场所应当在同一登记机关管辖范围内。

5. 公司增设、注销分公司或分公司名称变更，应向原登记机关备案，填写"基本信息"栏及"备案"栏有关内容，"申请人声明"栏由法定代表人签字并加盖公司公章。"分公司"栏可加行续写或附页续写。

6. 公司申请章程修订或其他事项备案，填写"基本信息"栏、"备案"栏以及相关附表。申请董事、监事、经理人员备案的，还需填写附表2"董事、监事、经理信息"。申请联络员备案的，还需填写附表4"联络员信息"。"申请人声明"栏由公司法定代表人签字并加盖公司公章；申请清算组备案的，"申请人声明"由公司清算组负责人签字。

7. 公司类型应当填写"有限责任公司"或"股份有限公司"。其中，国有独资公司应当填写"有限责任公司(国有独资)"；一人有限责任公司应当填写"一人有限责任公司(自然人独资)"或"一人有限责任公司(法人独资)"。

8. 股份有限公司应在"设立方式"栏选择填写"发起设立"或者"募集设立"。有限责任公司无需填写此项。

9. 申请人应登录广州市工商红盾网网站(http://www.gzaic.gov.cn/)，按照其指引确定经营范围。"经营范围"栏应根据公司章程，参照《国民经济行业分类》国家标准及有关规定填写。经营范围涉及前置许可事项的，应当按照相关批准文件表述；批准文件没有表述或者表述不规范的，参照《国民经济行业分类》国家标准表述。不涉及前置许可事项的，参照《国民经济行业分类》国家标准表述；《国民经济行业分类》中没有规范的新兴行业或者具体经营项目，参考政策文件、行业习惯或者专业文献表述。

10. 设立登记后，"生产经营地"、"财务负责人"等信息发生变化的，由申请人向税务主管机关申报。

11. 申请人提交的申请书应当使用A4型纸。依本表打印生成的，使用黑色或蓝黑色钢笔、签字笔签署；手工填写的，使用黑色或蓝黑色钢笔、签字笔工整填写、签署。

2. 填写附表
　　附表 1

<h3 align="center">法定代表人信息</h3>

姓　　名		固定电话	
移动电话		电子邮箱	
身份证件类型		身份证件号码	
    （身份证件复印件粘贴处） 			
拟任法定代表人签字：　　　　　　　　　　　　　　　　　　　　　　年　月　日			

附表 2

董事、监事、经理信息

姓名_____ 职务_____ 身份证件类型_____ 身份证件号码_____

（身份证件复印件粘贴处）

姓名_____ 职务_____ 身份证件类型_____ 身份证件号码_____

（身份证件复印件粘贴处）

姓名_____ 职务_____ 身份证件类型_____ 身份证件号码_____

（身份证件复印件粘贴处）

附表3

股东(发起人)出资情况

股东(发起人)名称或姓名	证件类型	证件号码	出资时间	出资方式	认缴出资额（万元）	出资比例

注：
1. 此表不够填写的,可复印空表填写。
2. 证件类型选择填入：身份证、护照、营业执照、其他。
3. 出资方式选择填入：货币、实物、知识产权、土地使用权、其他非货币财产。

附表 4

联络员信息

□联络员为指定人员			
姓　名		固定电话	
移动电话		电子邮箱	
身份证件类型		身份证件号码	
（身份证件复印件粘贴处）			
□联络员为指定机构			
指定机构名称			
指定机构地址			
邮政编码		联系电话	
证照类型		证件号码	

注：指定机构的证照复印件另附页提交。

注：

1. 联络员主要负责本企业与登记机关的联系沟通，以及法律文件接收、内部文件保管、商事登记、年度报告及其他信息公示等工作。联络员可以为指定的人员或机构，根据实际情况选择勾选并填写对应栏目。联络员应了解登记相关法规和企业信息公示有关规定，熟悉操作企业信用信息公示系统。联络员以本人个人信息登录企业信用信息公示系统依法向社会公示本企业有关信息等；联络员为指定机构的，该机构应委派专门人员以其个人信息登录企业信用信息公示系统依法向社会公示本企业有关信息等。

2. 公司、外商投资的公司、合伙企业、外商投资合伙企业、个人独资企业可以指定机构作为联络员。

附表 5

财务负责人信息

姓　名		固定电话	
移动电话		电子邮箱	
身份证件类型		身份证件号码	

（身份证件复印件粘贴处）

附表6

承 诺 书

_____（登记机关名称）：

你局已告知本申请人商事登记相关后置许可事项和许可部门，并可在广东省工商行政管理局网站查阅《广东省商事登记后置许可事项目录》。本申请人郑重承诺：在领取营业执照后，及时到许可部门办理涉及商事登记后置许可手续，在取得许可前不开展相关后置许可事项经营活动。

申请人签署：

年　月　日

注：

1. 申请人为公司、非公司企业法人、非公司外商投资企业、农民专业合作社的，由法定代表人签字；申请人为外国（地区）企业在中国境内从事生产经营活动、外国（地区）企业常驻代表机构的，由有权签字人签字；申请人为合伙企业、外商投资合伙企业的，由全体合伙人或委托执行事务合伙人签字；申请人为个人独资企业的，由投资人签字；申请人为个体工商户的，由经营者签字。变更登记时还须加盖公章，外国（地区）企业在中国境内从事生产经营活动除外。

2. 有限责任公司和股份有限公司的分公司、企业非法人分支机构由隶属企业的法定代表人签字，营业单位由隶属单位的法定代表人签字，个人独资企业分支机构由隶属企业投资人签字，合伙企业分支机构由合伙企业执行事务合伙人或委派代表签署。设立、变更登记时还须加盖隶属企业（单位）公章，外国（地区）企业在中国境内从事生产经营活动除外。

指定代表或者共同委托代理人授权委托书

申请人：
指定代表或者委托代理人：
委托事项及权限：
1. 办理 _____（企业或机构名称）的
   □名称预先核准　□设立　□变更　□注销　□备案　□撤销登记
   □股权出质(□设立　□变更　□注销　□撤销)
   □证照管理　□企业迁移　□其他_____手续。
2. □同意　□不同意　核对登记材料中的复印件并签署核对意见；
3. □同意　□不同意　修改企业自备文件中存在的可以当场更正的错误；
4. □同意　□不同意　修改有关表格中存在的可以当场更正的填写错误；
5. □同意　□不同意　领取营业执照和有关文书。

指定或者委托的有效期限：自____年___月___日至____年___月___日。

指定代表或委托代理人或者经办人信息	签　　字：
	固定电话：
	移动电话：

（指定代表或委托代理人、具体经办人身份证明复印件粘贴处）

申请人签署(签名填写不下的可附页填写)：

年　月　日

指定代表或者共同委托代理人授权委托书填写说明

注： 以下"说明"供填写申请书参照使用，不需向登记机关提供。

1. 本委托书适用于公司及其分公司、非公司企业法人及其分支机构、营业单位、企业集团、合伙企业及其分支机构、非公司外商投资企业及其分支机构、外商投资合伙企业及其分支机构、个人独资企业及其分支机构、外国（地区）企业在中国境内从事生产经营活动、外国（地区）企业常驻代表机构、农民专业合作社及其分支机构在登记机关办理登记、备案和增、减、补、换营业执照、登记证、代表证以及公司办理股权出质登记等业务。

2. 本委托书涉及申请人签署的，自然人由本人签字，法人和其他组织由其法定代表人或负责人（有权签字人）签字，并加盖公章。

3. 名称预先核准，新申请名称申请人为全体投资人（合伙人）或隶属企业；已设立企业或机构变更名称的，申请人为本企业。

4. 申请设立登记的，有限责任公司申请人为全体股东，国有独资公司申请人为国务院或地方人民政府国有资产监督管理机构；股份有限公司申请人为董事会；非公司企业法人申请人为主管部门（出资人）；企业集团申请人为集团母公司；合伙企业和外商投资合伙企业申请人为全体合伙人；个人独资企业申请人为投资人；外国（地区）企业在中国境内从事生产经营活动、外国（地区）企业常驻代表机构的申请人为外国（地区）企业；农民专业合作社申请人为全体成员。

分公司、营业单位、非公司企业法人分支机构、非公司外商投资企业分支机构、合伙企业分支机构、外商投资合伙企业分支机构、个人独资企业分支机构、农民专业合作社分支机构的申请人为隶属企业（单位）。

5. 申请变更、注销登记或备案的，公司、非公司企业法人、合伙企业、非公司外商投资企业、外商投资合伙企业、个人独资企业的申请人为本企业（其中申请公司注销登记或清算组备案的，由清算组负责人签字，无需法定代表人签字；公司破产程序终结后办理注销登记的，由破产管理人签字，无需法定代表人签字）；企业集团申请人为集团母公司；外国（地区）企业在中国境内从事生产经营活动、外国（地区）企业常驻代表机构的申请人为外国（地区）企业；农民专业合作社的申请人为本社。

分公司、营业单位、非公司企业法人分支机构、非公司外商投资企业分支机构、合伙企业分支机构、外商投资合伙企业分支机构、个人独资企业分支机构、农民专业合作社分支机构变更、注销登记或备案的，申请人为隶属企业（单位）。

6. 股权出质设立、变更、注销登记申请人为出质人和质权人，股权出质撤销登记申请人为出质人或者质权人。

7. 委托事项及权限：第1项应当选择相应的项目并在"□"中打"√"，或者注明其他具体内容；第2、3、4、5项选择"同意"或"不同意"并在"□"中打"√"。

8. 指定代表或者委托代理人可以是自然人，也可以是其他组织；指定代表或者委托代理人是其他组织的，应当另行提交其他组织证照复印件及其指派具体经办人的文件、具体经办人的身份证件。

9. 申请人提交的申请书应当使用A4型纸。依本表打印生成的，使用黑色或蓝黑色钢笔、签字笔签署；手工填写的，使用黑色或蓝黑色钢笔、签字笔工整填写、签署。

1. 假如你与两位好友拟成立一家公司,你出资 20 万元人民币,两位好友每人出资 15 万元人民币,共投资 50 万元人民币,你担任企业法人代表,其他有关资料自拟,请你进行名称预先核准的申请。
2. 以工商局的名义,对该企业申请的名称进行核准并发放核准通知书。
3. 名称核准通过后,请你为自己的企业申请工商注册。

企业名称预先核准申请书

注:请仔细阅读本申请书《填写说明》,按要求填写。

□企业设立名称预先核准		
申请企业名称		
备选企业字号	1.	
	2.	
	3.	
企业住所地	_____省(市/自治区)_____市(地区/盟/自治州)_____县(自治县/旗/自治旗/)	
注册资本(金)	_____万元	企业类型
经营范围		
投资人	名称或姓名	证照号码

续 表

□已核准名称项目调整(投资人除外)			
已核准名称		通知书文号	
拟调整项目	原申请内容		拟调整内容
□已核准名称延期			
已核准名称		通知书文号	
原有效期		有效期延至	_____年___月___日
指定代表或者共同委托代理人			
具体经办人姓名		身份证件号码	联系电话
授权期限	自 年 月 日至 年 月 日		
授权权限	1. 同意□ 不同意□ 核对登记材料中的复印件并签署核对意见； 2. 同意□ 不同意□ 修改有关表格的填写错误； 3. 同意□ 不同意□ 领取《企业名称预先核准通知书》。		
	(指定代表或委托代理人、具体经办人身份证件复印件粘贴处)		
申请人签字或盖章			
			年 月 日

受理号：

企业名称预先核准通知书

（　　）名称预核（内）字〔　　〕第　　号

_____：

根据《企业名称登记管理规定》、《企业名称登记管理实施办法》及有关法律、行政法规规定,准予预先核准下列由____个投资人出资设立的企业名称为：_____
_____

投资人姓名或名称：_____

以上预先核准的企业名称有效期____个月,至_____年___月___日有效期届满自动失效。在有效期届满前____日,申请人可向登记机关申请延长有效期,有效期延长不超过____个月。

预先核准的企业名称不得用于经营活动,不得转让。经登记机关设立登记,办理营业执照后企业名称正式生效。

核准日期：　　年　月　日

公司登记(备案)申请书

注：请仔细阅读本申请书《填写说明》,按要求填写。

□基本信息	
名　　称	
名称预先核准文号或注册号/统一社会信用代码	
住　　所	_____市_____区_____
生产经营地	_____市_____区_____
联系电话	邮政编码

□设立			
法定代表人姓名		职务	□董事长　□执行董事　□经理
注册资本	_____万元	公司类型	
设立方式（股份公司填写）		□发起设立　□募集设立	
经营期限	□_____年　□长期	申请执照副本数量	_____个

续　表

□变更		
变更项目	原登记内容	申请变更登记内容

□备案				
经营范围	一般经营项目： 许可经营项目：			
分公司 □增设　□注销	名称		注册号/统一 社会信用代码	
	登记机关		登记日期	
经营场所	1			
	2			
	3			
清算组	成　员			
	负责人		联系电话	
其　他	□董事　□监事　□经理　□联络员　□财务负责人 □章程　□章程修正案			

□申请人声明
本公司依照《公司法》、《公司登记管理条例》、《广东省商事登记条例》、《广州市商事登记暂行办法》相关规定申请登记、备案，提交材料真实有效。通过联络员登录企业信用信息公示系统向登记机关报送、向社会公示的企业信息为本企业提供、发布的信息，信息真实、有效。 　　法定代表人签字： 　　或清算组负责人（仅限清算组备案）签字：　　　　　　　　　　　　公司盖章 　　　　　　　　　　　　　　　　　　　　　　　　　　　　　　　年　　月　　日

附表 1

法定代表人信息

姓　名		固定电话	
移动电话		电子邮箱	
身份证件类型		身份证件号码	

（身份证件复印件粘贴处）

拟任法定代表人签字：　　　　　　　　　　　　　　　　年　月　日

附表2

董事、监事、经理信息

姓名_____ 职务_____ 身份证件类型_____ 身份证件号码_____

（身份证件复印件粘贴处）

姓名_____ 职务_____ 身份证件类型_____ 身份证件号码_____

（身份证件复印件粘贴处）

姓名_____ 职务_____ 身份证件类型_____ 身份证件号码_____

（身份证件复印件粘贴处）

附表3

股东(发起人)出资情况

股东(发起人)名称或姓名	证件类型	证件号码	出资时间	出资方式	认缴出资额（万元）	出资比例

注：
1. 此表不够填写的，可复印空表填写。
2. 证件类型选择填入：身份证、护照、营业执照、其他。
3. 出资方式选择填入：货币、实物、知识产权、土地使用权、其他非货币财产。

附表4

联 络 员 信 息

☐联络员为指定人员			
姓　名		固定电话	
移动电话		电子邮箱	
身份证件类型		身份证件号码	
（身份证件复印件粘贴处）			

☐联络员为指定机构			
指定机构名称			
指定机构地址			
邮政编码		联系电话	
证照类型		证件号码	

注：指定机构的证照复印件另附页提交。

注：

1. 联络员主要负责本企业与登记机关的联系沟通，以及法律文件接收、内部文件保管、商事登记、年度报告及其他信息公示等工作。联络员可以为指定的人员或机构，根据实际情况选择勾选并填写对应栏目。联络员应了解登记相关法规和企业信息公示有关规定，熟悉操作企业信用信息公示系统。联络员以本人个人信息登记企业信用信息公示系统依法向社会公示本企业有关信息等；联络员为指定机构的，该机构应委派专门人员以其个人信息登记企业信用信息公示系统依法向社会公示本企业有关信息等。

2. 公司、外商投资的公司、合伙企业、外商投资合伙企业、个人独资企业可以指定机构作为联络员。

附表 5

财务负责人信息

姓　名		固定电话	
移动电话		电子邮箱	
身份证件类型		身份证件号码	
（身份证件复印件粘贴处）			

附表6

承 诺 书

_____(登记机关名称):

  你局已告知本申请人商事登记相关后置许可事项和许可部门,并可在广东省工商行政管理局网站查阅《广东省商事登记后置许可事项目录》。本申请人郑重承诺:在领取营业执照后,及时到许可部门办理涉及商事登记后置许可手续,在取得许可前不开展相关后置许可事项经营活动。

申请人签署:

年　月　日

注:

  1. 申请人为公司、非公司企业法人、非公司外商投资企业、农民专业合作社的,由法定代表人签字;申请人为外国(地区)企业在中国境内从事生产经营活动、外国(地区)企业常驻代表机构的,由有权签字人签字;申请人为合伙企业、外商投资合伙企业的,由全体合伙人或委托执行事务合伙人签字;申请人为个人独资企业的,由投资人签字;申请人为个体工商户的,由经营者签字。变更登记时还须加盖公章,外国(地区)企业在中国境内从事生产经营活动除外。

  2. 有限责任公司和股份有限公司的分公司、企业非法人分支机构由隶属企业的法定代表人签字,营业单位由隶属单位的法定代表人签字,个人独资企业分支机构由隶属企业投资人签字,合伙企业分支机构由合伙企业执行事务合伙人或委派代表签署。设立、变更登记时还须加盖隶属企业(单位)公章,外国(地区)企业在中国境内从事生产经营活动除外。

指定代表或者共同委托代理人授权委托书

申请人：
指定代表或者委托代理人：
委托事项及权限：
1. 办理 ＿＿＿＿＿＿＿＿＿＿＿＿＿（企业或机构名称）的
    □名称预先核准　□设立　□变更　□注销　□备案　□撤销登记
    □股权出质(□设立　□变更　□注销　□撤销)
    □证照管理　□企业迁移　□其他＿＿＿＿＿手续。
2. □同意　□不同意　核对登记材料中的复印件并签署核对意见；
3. □同意　□不同意　修改企业自备文件中存在的可以当场更正的错误；
4. □同意　□不同意　修改有关表格中存在的可以当场更正的填写错误；
5. □同意　□不同意　领取营业执照和有关文书。

指定或者委托的有效期限：自＿＿＿＿年＿＿月＿＿日至＿＿＿＿年＿＿月＿＿日。

指定代表或委托代理人或者经办人信息	签　字：
	固定电话：
	移动电话：

（指定代表或委托代理人、具体经办人身份证明复印件粘贴处）

申请人签署(签名填写不下的可附页填写)：

　　　　　　　　　　　　　　　　　　　　　　　　年　　月　　日

任务 2 银 行 开 户

1. 了解企业在银行开立账户的基本知识。
2. 掌握企业开立银行账户的办理方法。

一、开户银行的概念

开户银行是在票据清算过程中付款人或收款人开有户头的银行。

二、企业银行账户分类

企业银行账户分为基本存款账户、一般存款账户、临时存款账户和专用存款账户。

1. 基本存款账户

基本存款账户是企事业单位的主要存款账户,该账户主要办理日常转账结算和现金收付,存款单位的工资、奖金等现金的支取只能通过该账户办理。基本存款账户的开立须报当地人民银行审批并核发开户许可证,许可证正本由存款单位留存,副本交开户行留存。企事业单位只能选择一家商业银行的一个营业机构开立一个基本存款账户。

2. 一般存款账户

一般存款账户是单位因借款或其他结算需要在基本账户以外的银行开立的账户,该账户只能办理转账结算和现金的缴存,不能支取现金。

3. 临时存款账户

临时存款账户是指存款人因临时需要并在规定期限内使用而开立的账户。该账户可办理转账结算和符合国家现金管理规定的现金收支。临时存款账户的有效期最长不得超过 2 年。

4. 专用存款账户

专用存款账户是指存款人按照法律、行政法规和规章，对有特定用途的资金进行专项管理和使用而开立的银行结算账户。

表 3-1　银行账户的开立与使用

账户	是否须经中国人民银行核准	能否存入现金	能否支取现金
基本存款账户	核准	可以	可以
一般存款账户	备案	可以	不能
专用存款账户	(1) 预算单位专用存款账户、QFII（合格的境外机构投资者）专用存款账户：核准 (2) 其他：备案	不同账户规定不同	不同账户规定不同
临时存款账户	核准（因注册验资和增资验资的除外）	可以	可以

三、新注册公司银行开户指南

1. 新注册公司开户所需资料

新注册公司开户所需资料包括：营业执照原件、法人身份证原件、三章（公章、法人章、财务专用章）。如委托代办人去办理开户，代办人需提供身份证原件，并提供一份法人签名确认同意的授权书。

2. 银行开户流程

银行查验相关证件后，客户或经办人应如实填写"开立单位银行结算账户申请表"并且加盖公章。开户银行应与客户或经办人签订"人民币单位银行结算账户管理协议"一式两份，开户银行与办理人各执一份，另填写一份"关联企业登记表"。开户银行收到相关表格和资料将会提交至人民银行审核，人民银行审核通过后将会核发《开户许可证》，一般情况下开户行将《开户许可证》、《开户申请书》客户留存联交予客户签收。

小贴士

　　建议在办理基本户前，多走走几家大型的银行，参考各银行对公开户业务的办理时间的长短、收费标准的高低、服务质量的好坏，考察完这些信息以后，选择一家认为合适且心仪的银行（最好是离办公地点较近的网点）。部分银行不是马上取号排队就能当天办理的，可能需要提前预约，所以一定要咨询银行前台工作人员，明确办理时间和流程，并且索取相关需要填写的表格及所需要的资料清单。

四、开立各类银行结算账户应提供的资料

1. 基本存款账户的开立

存款人开立基本存款账户实行核准制度，经中国人民银行核准后由开户银行核发开户许

可证。开立基本存款账户应出具的证明文件：企业法人，应出具企业法人营业执照正本；非法人企业，应出具企业营业执照正本。

2. 一般存款账户的开立

一般存款账户的开立须提供相应的证明文件：①在基本存款账户以外的银行取得借款的单位和个人可以申请开立该账户，并须向开户银行出具借款合同或借款借据；②与基本存款账户的存款人不在同一地点的附属非独立核算单位可以申请开立该账户，并须向开户银行出具基本存款账户的存款人同意其附属的非独立核算单位开户的证明。

3. 专用存款账户的开立

存款人申请开立专用存款账户时，应填制开户申请书，提供规定的证明文件。

4. 临时存款账户的开立

开立临时存款账户具体需要提供的证明文件有两个：一是外地临时机构所开设的并进行申请建立的账户，还要出具工商行政管理部门或相关的机关下发的临时性执照；二是临时性的经营活动必须要以个人或单位的名义开设此项账户，同时还要有当地相关部门同意所开设的临时性机构的批文。

一、企业背景资料

2017年7月1日成立公司：	广州学友文具有限公司
统一社会信用代码：	52440105MJK9980480
企业经营范围：	文体用品、百货、办公用品、五金交电、计算机及配件的销售
企业注册资本：	200万元
企业类型：	有限责任公司
企业所在地：	广州市天河区光明路88号
投资人及投资额：	程伟雄出资120万元，李凯出资80万元
公司设立方式：	发起设立
法定代表人：	程伟雄
董事、总经理：	程伟雄
监事：	李凯

二、到广州银行光明支行申办《开户许可证》，并开立基本存款户

1. 填写《开立单位银行结算账户申请书》

开立单位银行结算账户申请书

存款人		电话	
地址		邮编	
存款人类别		组织机构代码	

续　表

法定代表人（　） 单位负责人（　）	姓名	
	证件种类	
行业分类	A(　)B(　)C(　)D(　)E(　)F(　)G(　)H(　)I(　)J(　) K(　)L(　)M(　)N(　)O(　)P(　)Q(　)R(　)S(　)T(　)	
注册资金		地区代码	
经营范围			
证明文件种类		证明文件编号	
税务登记证编号 （国税或地税）			
关联企业	关联企业信息填列在"关联企业登记表"上		
账户性质	基本(　)一般(　)专用(　)临时(　)		
资金性质		有效日期至　　　　　年　月　日	

以下为存款人上级法人或主管单位信息：

上级法人或主管单位名称		
基本存款账户开户许可证核准号		组织机构代码	
法定代表人（　） 单位负责人（　）	姓名	
	证件种类	
	证件号码	

以下栏目由开户银行审核后填写：

开户银行名称		开户银行机构代码	
账户名称		账号	
基本存款账户开户许可证核准号		开户日期	
本存款人申请开立单位银行结算账户，并承诺所提供的开户资料真实、有效。 存款人（公章） 年　月　日	开户银行审核意见： 经办人（签章） 存款人（签章） 年　月　日	人民银行审核意见： 经办人（签章） 人民银行（签章） 年　月　日	

填列说明：
　　1. 申请开立临时存款账户，必须填列有效日期；申请开立专用存款账户，必须填列资金性质。
　　2. 该行业标准由银行在营业场所公告，"行业分类"中各字母代表的行业种类如下：A：农、林、牧、渔业；B：采矿业；C：制造业；D：电力、燃气及水的生产供应业；E：建筑业；F：交通运输、仓储和邮政业；G：信息传输、计算机服务及软件业；H：批发和零售业；I：住宿和餐饮业；J：金融业；K：房地产业；L：租赁和商务服务业；M：科学研究、技术服务和地质勘查业；N：水利、环境和公共设施管理；O：居民服务和其他服务业；P：教育业；Q：卫生、社会保障和社会福利业；R：文化、教育和娱乐业；S：公共管理和社会组织；T：其他行业。
　　3. 带括号的选项填"√"。

2. 提交以下资料
（1）营业执照正本及复印件；
（2）公章、法人名章、财务专用章；
（3）法人代表身份证及复印件；
（4）经办人身份证及复印件。

3. 银行开立账户
银行审核同意后，发放基本账户《开户许可证》，并为企业开立基本存款账户。

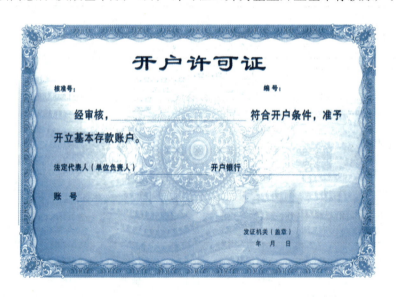

三、申请开立一般银行存款账户

提供银行发放的基本账户《开户许可证》，填写《开立单位银行结算账户申请书》。

你与两位好友成立新公司后，去银行办理开户许可证并开立基本存款账户。

开立单位银行结算账户申请书

存款人			电话	
地址			邮编	
存款人类别		组织机构代码		
法定代表人（　） 单位负责人（　）	姓名			
	证件种类			
行业分类	A(　)B(　)C(　)D(　)E(　)F(　)G(　)H(　)I(　)J(　) K(　)L(　)M(　)N(　)O(　)P(　)Q(　)R(　)S(　)T(　)			
注册资金		地区代码		
经营范围				
证明文件种类		证明文件编号		
税务登记证编号 （国税或地税）				
关联企业	关联企业信息填列在"关联企业登记表"上			
账户性质	基本（　）一般（　）专用（　）临时（　）			
资金性质		有效日期至	年　月　日	

以下为存款人上级法人或主管单位信息：

上级法人或主管单位名称		
基本存款账户开户许可证核准号		
	组织机构代码	
法定代表人（　） 单位负责人（　）	姓名	
	证件种类	
	证件号码	

以下栏目由开户银行审核后填写：

开户银行名称		开户银行机构代码	
账户名称		账号	
基本存款账户开户许可证核准号		开户日期	

续 表

本存款人申请开立单位银行结算账户,并承诺所提供的开户资料真实、有效。 存款人(公章) 年　月　日	开户银行审核意见: 经办人(签章) 存款人(签章) 年　月　日	人民银行审核意见: 经办人(签章) 人民银行(签章) 年　月　日

填列说明:

1. 申请开立临时存款账户,必须填列有效日期;申请开立专用存款账户,必须填列资金性质。

2. 该行业标准由银行在营业场所公告,"行业分类"中各字母代表的行业种类如下: A:农、林、牧、渔业;B:采矿业;C:制造业;D:电力、燃气及水的生产供应业;E:建筑业;F:交通运输、仓储和邮政业;G:信息传输、计算机服务及软件业;H:批发和零售业;I:住宿和餐饮业;J:金融业;K:房地产业;L:租赁和商务服务业;M:科学研究、技术服务和地质勘查业;N:水利、环境和公共设施管理;O:居民服务和其他服务业;P:教育业;Q:卫生、社会保障和社会福利业;R:文化、教育和娱乐业;S:公共管理和社会组织;T:其他行业。

3. 带括号的选项填"√"。

任务3　资金筹集

　任务目标

1. 了解开办企业筹集资金的方式。
2. 学习银行贷款的办理方式。

一、资金筹集的概念

资金筹集是指公司从各种不同的来源,用各种不同的方式筹集其生产经营过程中所需要的资金。这些资金由于来源与方式的不同,其筹集的条件、筹集的成本和筹集的风险也不同。因此,公司理财中对资金筹集管理的目标就是寻找、比较和选择对公司资金筹集条件最有利、资金筹集成本最低和资金筹集风险最小的资金来源。

无论筹资的来源和方式如何,其取得的途径不外乎两种:一种是接受投资者投入的资金,即企业的资本金;另一种是向债权人借入的资金,即企业的负债。

二、资金筹集的方式

我国企业目前主要有以下几种筹资方式:
(1) 吸收直接投资;
(2) 发行股票;
(3) 利用留存收益;
(4) 向银行贷款;
(5) 利用商业信用;
(6) 发行公司债券;
(7) 融资租赁;
(8) 杠杆收购。
前三种方式筹措的资金为权益资金,后几种方式筹措的资金是负债资金。

三、公司注册资本的规定

注册资本也叫法定资本,是公司制企业章程规定的全体股东或发起人认缴的出资额或认购的股本总额,并在公司登记机关依法登记。

2014年3月1日,我国将注册资本实缴登记制改为认缴登记制,除法律、行政法规以及国务院决定对公司注册资本实缴另有规定的外,公司股东(发起人)自主约定认缴出资额、出资方式、出资期限等,记载于公司章程,并承担缴纳出资不全的法律责任,注册公司不占用资金,不需要提交验资报告。

四、向银行贷款

企业贷款是指企业为了生产经营的需要,通常需要向银行或其他金融机构按照一定的利率借入资金并约定期限归还的一种借款方式。

1. 银行贷款业务流程

(1) 企业向银行提出流动资金贷款申请,并提供企业相关材料。
(2) 签署借款合同。
(3) 按照约定条件落实担保、完善担保手续。需要企业提供担保的,则落实抵押、质押等担保措施,办妥抵押登记、质押交付(或登记)等有关担保手续。

(4) 发放贷款。在全部手续办妥后,银行将及时向企业办理贷款发放,企业按照事先约定的贷款用途合理支配贷款资金。

2. 申请银行贷款需提交的资料

(1) 企业营业执照、开户许可证、公司章程、验资报告、贷款卡;

(2) 近三年的年报、最近三个月财务报表、公司近六个月对公账单;

(3) 经营场地租赁合同及租金支付凭据,近三个月水费、电费账单;

(4) 近六个月各项税单,已签约的购销合同(若有);

(5) 企业名下资产证明;

(6) 法人代表身份证明及工作履历。

一、企业背景资料

公司名称:	广州学友文具有限公司
企业经营范围:	文体用品、百货、办公用品、五金交电、计算机及配件的销售
统一社会信用代码:	52440105MJK9980480
企业注册资本:	200万元
企业类型:	有限责任公司
企业所在地:	广州市天河区光明路88号
投资人及投资额:	程伟雄出资120万元,李凯出资80万元
公司设立方式:	发起设立
法定代表人:	程伟雄
董事、总经理:	程伟雄
监事:	李凯

二、办理银行贷款业务

假定该公司正常经营几年后,遇到流动资金不足的情况,拟以公司自购的办公楼(原值100万元)为抵押,向广州银行光明支行申请30万元贷款,期限一年。

<table>
<tr><td colspan="3" style="text-align:center">银行　　　分(支)行
贷款申请书</td></tr>
<tr><td>致: 　　　　银行_____分(支)行</td><td colspan="2" style="text-align:right">单位:万元</td></tr>
<tr><td colspan="3" style="text-align:center">客户基本信息</td></tr>
<tr><td>申请人(名称)</td><td colspan="2"></td></tr>
<tr><td>申请人类型</td><td colspan="2">□有限责任公司　□股份有限公司　□无限责任企业　□其他</td></tr>
<tr><td>在本行开户类型</td><td colspan="2">□基本结算户　□一般结算户　□临时结算户及其他</td></tr>
</table>

续 表

基本账户行			实收资本	
上年销售额			上年利润额	
预计本年销售额			预计本年利润额	
现有贷款额			对外担保额	
联系人			联系电话	
通信地址				
业务申报信息				
业务类型	□贷款　□银行承兑汇票　□保函　□信用证　□贸易融资　□其他:			
申请金额	（如包含不同业务类型请具体填写）			
借款期限	□半年　□1年　□其他:			
借款用途				
还款来源				
担保信息				
担保方式	□抵押　□质押　□保证　□信用			
不动产抵押	抵押物所有人			
	土地使用性质	□划拨　□出让		
	类型	□住宅　□商业用房　□别墅　□厂房　□土地		
	目前状况	□空置　□出租　□自住		
	建筑面积		产权证号	
	抵押物价值		使用年限	
动产抵押	抵押物所有人			
	类型	□机器设备　□车辆　□其他:		
	抵押物价值			
质押	质物(权)所有人			
	类型	□存单　□债券　□应收账款　□其他:		
	质物(权)价值			
保证	保证人名称			
	保证人类型	□担保公司　□其他企业　□自然人		
	保证人年(销售)收入			

续 表

客户声明与保证
1. 本人保证上述所提供的信息和资料的真实性、准确性和完整性,并授权贵行可向有关方面查证。 2. 在签署本申请表格之前已充分了解了贵行小企业信贷业务管理要求,保证确有能力履行到期还本付息职责,同意根据贵行要求办理业务。 单位公章: 法定代表人签章或签字: 日期:

任务巩固

1. 你与两位好友成立的公司经营状况良好,因业务发展需要筹集资金 25 万元,拟向银行申请贷款,请办理相关手续。

银行　　分(支)行
贷款申请书

致:　　　　　　银行_____分(支)行　　　　　　单位:万元

客户基本信息				
申请人(名称)				
申请人类型	□有限责任公司　□股份有限公司　□无限责任企业　□其他			
在本行开户类型	□基本结算户　□一般结算户　□临时结算户及其他			
基本账户行		实收资本		
上年销售额		上年利润额		
预计本年销售额		预计本年利润额		
现有贷款额		对外担保额		
联系人		联系电话		
通信地址				
业务申报信息				
业务类型	□贷款　□银行承兑汇票　□保函　□信用证　□贸易融资　□其他:			
申请金额	(如包含不同业务类型请具体填写)			

续 表

借款期限	☐半年　☐1年　☐其他：		
借款用途			
还款来源			
担保信息			
担保方式	☐抵押　☐质押　☐保证　☐信用		
不动产抵押	抵押物所有人		
	土地使用性质	☐划拨　☐出让	
	类型	☐住宅　☐商业用房　☐别墅　☐厂房　☐土地	
	目前状况	☐空置　☐出租　☐自住	
	建筑面积		产权证号
	抵押物价值		使用年限
动产抵押	抵押物所有人		
	类型	☐机器设备　☐车辆　☐其他：	
	抵押物价值		
质押	质物(权)所有人		
	类型	☐存单　☐债券　☐应收账款　☐其他：	
	质物(权)价值		
保证	保证人名称		
	保证人类型	☐担保公司　☐其他企业　☐自然人	
	保证人年(销售)收入		
客户声明与保证			

1. 本人保证上述所提供的信息和资料的真实性、准确性和完整性，并授权贵行可向有关方面查证。

2. 在签署本申请表格之前已充分了解了贵行小企业信贷业务管理要求，保证确有能力履行到期还本付息职责，同意根据贵行要求办理业务。

单位公章：　　　　　　　　　　　　　　　法定代表人签章或签字：

日期：

2. 上网查找资料，分析以下几种资金筹集方式的优缺点。

资金筹集方式	优　　点	缺　　点
吸收直接投资		
向银行借款		
发行公司债券		
发行股票		

项目四　办理货币资金收付业务

任务1　办理现金收付业务

1. 了解现金使用和收取的范围。
2. 了解库存现金限额。
3. 熟悉库存现金的日常管理规定。
4. 学会现金收付业务操作。

一、现金使用范围

企业在规定限额内对现金的使用也受一定的约束,根据中国人民银行《现金管理暂行条例》的规定,企业可以在下列范围内使用现金:
(1) 职工工资、津贴;
(2) 个人劳务报酬;
(3) 根据国家规定颁发给个人的科学技术、文化艺术、体育等各种奖金;
(4) 各种劳保、福利费用以及国家规定的对个人的其他支出;
(5) 向个人收购农副产品和其他物资的价款;
(6) 出差人员必须随身携带的差旅费;
(7) 结算起点(1,000元)以下的零星开支;
(8) 中国人民银行确定需要支付现金的其他支出;

企业与其他单位之间的经济往来,除在规定的范围内可使用现金外,必须通过开户银行进行转账结算。

二、现金收取范围

根据中国人民银行《现金管理暂行条例》的规定,单位在一定范围内可以直接收取现金。一般主要有以下几种情形:
(1) 部门或职工交回的差旅余款、赔偿款、备用金退回款;
(2) 收取不能转账的单位或个人的销售收入;
(3) 不足转账起点(一般为1,000元)的小额收入等。

三、库存现金限额

库存现金限额,是指为保证企业日常零星支付的需要,按规定允许留存的库存现金的最高数额。按国家规定,库存现金限额一般是由开户银行根据企业 3—5 天的日常零星开支核定的。边远地区或交通不便的企业可适当放宽库存现金限额,但最高不能超过企业 15 天的日常零星开支。

限额一经核定,企业必须遵守。库存现金不足限额应及时补足,超过限额的现金应及时送存银行。

四、库存现金日常收支的管理

企业现金收入应于当日送存银行。企业支付现金,可从企业库存现金中支付或从开户行提取,不得从本企业的现金收入中直接支付(即坐支现金)。

企业从银行提取现金,应按照规定写明用途,由企业会计部门负责人签字盖章,开出现金支票,经银行审核后予以支持。企业因采购地点不固定等特殊情况必须使用现金的,应向银行提出申请,经审核后,予以支持。

各单位购买国家规定的专控商品一律采用转账的方式支付,不得以现金支付。

除遵守上述规定外,还需注意遵守各项现金结算纪律:不得挪用、私借现金;不能谎报用途套取现金;不得"白条"抵库;不得代替他人存支现金;不得公款私存;不得私设"小金库"。

 任务实施

一、提现业务

【业务资料】

2017 年 8 月 2 日,广州学友文具有限公司财务部门开出现金支票 1 张,提取现金 5,800 元作为备用金(开户银行:广州银行光明支行,账号:814451058675081002,现金支票号 XII3573256)。

【业务办理】

(1) 出纳填写"支票领用登记簿"交财务负责人审核签字。

支票领用登记簿

日期	支票类型	支票号码	收款单位	金额	领用人	核准人
2017-8-2	现金	XII3573256	本单位	5,800.00	刘浩	郑立

(2) 出纳填写"支票及存根",财务负责人在"支票正联"加盖公司财务专用章及法人印章(银行预留印鉴),在支票正联背面加盖公司财务专用章和法人章。

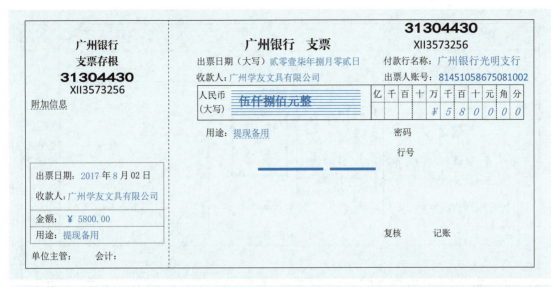

(3)出纳员将支票正联剪下,在支票正联背面"附加信息"处写上出纳员的姓名及身份证号码,背书,将支票正联送交开户银行,办理提现手续。

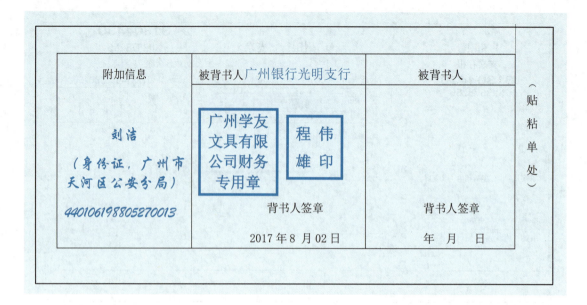

（4）出纳员将"支票存根"传给总账会计填制记账凭证。

二、现金送存业务

【业务资料】

2017年8月5日，广州学友文具有限公司出纳员将收取的现金3,500元(100元30张,50元4张,10元30张的纸币)存入银行，开户行为广州银行光明支行，账号为81451058675081002。

【业务办理】

（1）出纳员清点票币，不足十元的一般不送存银行，留作找零。

（2）出纳员填写"现金缴款单"，将现金与进账单一并交银行收款。

广州银行 现金缴款单

2017 年 8 月 05 日　　传票号

客户填写部分	收款人户名	广州学友文具有限公司		
	收款人账号	81451058675081002	收款人开户行	广州银行光明支行
	缴款人	刘洁	款项来源	营业款

币种(√)	人民币■ 外币：	大写：叁仟伍佰元整	亿 千 百 十 万 千 百 十 元 角 分 ¥ 3 5 0 0 0 0

券别	100元	50元	20元	10元	5元	2元	1元	5角	2角	1角	辅币(金额)
张数	30	4	0	30	0	0	0	0	0	0	0

银行电脑打印部分	日期：	日志号：	交易码：	币种：
	金额：	终端号：	主 管：	柜员：

温馨提醒：本部分内容只能由电脑打印，不能手工填写，请客户留意。

第二联 收款人入账通知

（3）将盖有银行"现金收讫"章的现金缴款单第二联取回，经财务负责人审核后，总账会计据以填制记账凭证。

（4）出纳员根据财务负责人审核无误后的记账凭证登记库存现金日记账和银行存款日记账。

三、收取现金业务

【业务资料一】

2017 年 8 月 12 日，广州学友文具有限公司员工刘俊清交无故旷工罚款 100 元，出纳员收讫现金。

【业务办理】

（1）员工刘俊清交来现金，出纳员当面清点无误，开具收据，并在收据上加盖"现金收讫"章。

(2) 将上述原始凭证经审核后交收入费用利润核算会计填制记账凭证。

(3) 出纳员根据财务负责人审核无误后的记账凭证登记库存现金日记账。

【业务资料二】

2017年8月14日,广州学友文具有限公司采购员周文虎出差回来,报销差旅费2,408元,退回财务部门剩余现金592元。

【业务办理】

(1) 采购员周文虎出差回来,持有关发票填写"差旅费报销单",经批准后交出纳员刘洁办理退(补)款手续。

(2) 出纳员复核单据后收取退回现金,并开具收据,加盖"现金收讫"章。

差旅费报销单

填报单位:采购部　　出差人:周文虎　　事由:采购材料　　报销日期:2017年8月14日

出发			到达			人数	天数	交通工具	交通费金额	住宿费	用餐费	餐费补助	其他补助		
月	日	时	月	日	时	地点							项目	天数	金额
8	9	8:10	广州	8	9	13:20	武汉	1	1	高铁	432.00	840	454.00	通讯费	5	100.00
8	13	15:20	武汉	8	13	20:30	广州	1	1	高铁	432.00			市内交通	5	150.00
														其他		
合计			小计			864.00	840.00	454.00		小计		250.00
报销金额	人民币(大写)	贰仟肆佰零捌元整							预借金额	3000.00
									补领金额	
									退还金额	592.00

经手人:　　　　　财务审核:　　　　　审批:

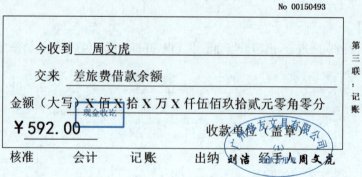

收款收据

2017年8月14日　　No 00150493

今收到　周文虎
交来　差旅费借款余额
金额(大写)X佰X拾X万X仟伍佰玖拾贰元零角零分
¥592.00
收款单位(盖章)
核准　　会计　　记账　　出纳 刘洁　经手人 周文虎

(3) 出纳员将"差旅费报销单"传给往来核算会计填制记账凭证。

(4) 出纳员根据财务负责人审核无误后的记账凭证,登记库存现金日记账。

知识链接

差旅费报销单

差旅费报销单是出差人员完成出差任务回来以后进行报销的一种专门用途的固定表格式单据,它不能代替发票、车票以及其他一些原始凭证的功能。

差旅费报销单的作用是:

(1) 单位领导安排出差任务的派出证明;
(2) 记载出差的路线起始地点、时间等情况;
(3) 计算出差补助的单据;
(4) 统计出差期间发生的飞机、车、船等交通费用票据汇总表。

财务部门一般要求将原始凭据整齐地粘贴好并附在"差旅费报销单"后,以作为备查核实的依据。

收　据

按照我国税务局要求规定,收款收据适用于经营纳税人收取非经营性收入,不适用于经营性收入。

四、支付现金业务

【业务资料一】

2017年8月18日,广州学友文具有限公司行政办公室李小川外出开会,借支差旅费3,000元。

【业务办理】

(1) 业务人员填写"借支单",经批准后出纳员复核,支付现金,并加盖"现金付讫"章。

借 支 单

2017年8月18日

借款部门	行政办	职别	职员	借款人姓名	李小川
借款事由	外出参加会议			现金付讫	
借款金额	人民币(大写)叁仟元整				¥3,000.00
主管领导	程伟雄	部门负责人	张浩明	财务负责人	孙立

收款人:李小川

(2) 出纳员将"借支单"送财务负责人审核后,交往来核算会计填制记账凭证。

知识链接

借 支 单

借支单就是借款单。借支单从法律的角度来说是合同的一种。借支单和报销单是相对应的。

先借款后报销的程序如下：

（1）借款人填写借支单，写清借款人、部门、用途并交相关领导签批；

（2）借款人将借支单交出纳领款；

（3）借款人用款回来后填写报销单，写清用途和金额交相关领导签批；

（4）借款人将审批后的报销单交出纳核销借支，如果有余款要交回出纳，如果有借款人个人垫支的款项，出纳会将这部分垫支款补给借款人。

【业务资料二】

2017年8月20日，广州学友文具有限公司行政办公室张莉娜从广州天源商店，用现金596元购买办公用文件柜一个，交付相关部门使用。

【业务办理】

（1）张莉娜持购货发票填写"支出证明单"（此处为"现金支付证明单"），办理报销审批手续。

54000181920		增值税专用发票				No 02220601		
		发票联				开票日期 2017年08月20日		
购买方	名　　称： 广州学友文具有限公司					密码区	（略）	第三联：发票联 购货方记账凭证
	纳税人识别号： 52440105MJK9980480							
	地址、电话： 广州市天河区光明路88号　88778891							
	开户行及账号： 广州银行光明支行 81451058675081002							
货物或应税劳务名称	规格型号	单位	数量	单　价	金　额	税率	税　额	
文件柜		台	1	509.4017	509.4017	17%	86.5983	
					¥509.4017		¥86.5983	
价税合计（大写）	⊗零拾零万零仟伍佰玖拾陆圆整					（小写）¥596.00		
销售方	名　　称： 广州市天源有限公司					备注	广州市天源有限公司 440106654322795 发票专用章	
	纳税人识别： 440106654322795							
	地址、电话： 广大市白云大道27号，55776699							
	开户行及账号： 中国银行白云支行　2601428							
收款人： 张丽		复核：		开票人： 吴琳		销货方：（章）		

现金支付证明单

2017年8月20日

明细科目	摘要	金额 拾 万 千 百 十 元 角 分	备注
购办公用品	购文件柜	5 9 6 0 0	
			经手用款人盖章 张莉娜
		现金付讫	
合计金额	×拾×万×仟伍佰玖拾陆元零角零分	￥ 5 9 6 0 0	
负责人	会计	复核 出纳 记账	制票

（2）出纳员复核"支出证明单"及所附购物发票，清点现金当面交付报销人，并在"支出证明单"上盖"现金付讫"印章。

（3）出纳员将"支出证明单"及所附发票传递给收入费用利润核算会计填制记账凭证。

小知识

支出证明单据只表示收款人收到了相应的款项，它不能替代发票，故在接受劳务、购买货物时，一定要坚持取得相应的税务发票入账为宜。

五、现金清查业务

现金清查一般采用突击盘点，不预先通知出纳员，以防预先做手脚，盘点时间最好为当天业务没有开始前或当天业务结束后，由出纳员将截至清查时现金收付账项全部登记入账，并结出账面余额。这样做是为了避免干扰日常业务。

清查时出纳员应始终在场，并给予积极配合。清查结束，应由清查人员填制"现金盘点报告表"，填列账存、实存以及溢余或短缺金额，并说明原因，报有关部门或责任人进行处理。"现金盘点报告表"应由盘点人和出纳员共同签章方能生效。

【业务资料】

2017年8月30日，广州学友文具有限公司清查小组对库存现金进行盘点，发现短款120元，作报销处理。

【业务办理】

（1）出纳员将未入账的收付票据及时登账，结出当日现金日记账余额。

（2）清查小组当面清点库存现金。

（3）将清点的库存现金与当日现金日记账余额核对，发现短款120元，编制"现金盘点报告表"。

现金盘点报告表

盘点日期：2017 年 8 月 30 日下午 4:30

实存金额	账存金额	盈亏情况		备注
		盘盈数	盘亏数	
1,214.31	1,334.31		120.00	
处理意见：作费用 报销处理 万平				

监点：孙立　　　　复点：赵莉　　　　核点：刘洁

广州市中环电器公司位于广州市白云区石井路 888 号，该公司以生产、销售"洁静"牌吸尘器和"靓爽"牌电吹风两种产品为主要业务，公司员工共 120 人。公司的统一社会信用代码为 91440101192345671l，开户行为中国工商银行广州分行石井支行，账号为 6678978899，办公电话 020-29973322。公司法人代表为王永言，财务负责人为徐军，总账报表会计是王红（负责制证），出纳员是陈梅（负责日常现金的收取与支付以及银行存款业务）。

2017 年 9 月该公司发生的现金收付业务如下：

1. 9 月 1 日，开出现金支票一张，票号 XII3576804，金额 3,400 元，提现备用。请填写"支票领用登记簿"和"支票"。

支票领用登记簿

日期	支票类型	支票号码	收款单位	金额	领用人	核准人

中国工商银行 支票存根 **62535566** XII3576804	中国工商银行支票　　**62535566**　XII3576804
附加信息	出票日期（大写）　　年　月　日　　付款行名称：
	收款人　　　　　　　　　　　　　出票人账号：
	人民币（大写）　　　　　　　　　亿千百十万千百十元角分
	用途：　　　　　　　　　　密码
	行号
出票日期：　年 月 日	
收款人：	
金额：	复核　　记账
用途：	
单位主管：　　会计：	

附加信息	被背书人	被背书人	（贴粘单处）	根据《中华人民共和国票据法》等法律法规的规定，签发空头支票由中国人民银行处以票面金额5%但不低于1000元的罚款。
	背书人签章 年　月　日	背书人签章 年　月　日		

2. 9月15日,销售部业务员周志由于出差借支3,000元。请填写"借支单"。

借支单
年　月　日

借款部门		职别		借款人姓名	
借款事由					
借款金额	人民币（大写）			（小写）	
主管领导		部门负责人		财务负责人	

收款人：

3. 9月20日,公司销售部业务员周志出差回来报销差旅费(出差前借支2,000元),交回出差借支的余款,请填写完整"差旅费报销单"、"收款收据"。
◇ 高铁票:广州—长沙往返2张,票价314元/张(去程:2017年9月17日 6:28—9:10;返程:2017年9月19日13:40—16:24)。
◇ 住宿发票一张:2晚,240元/晚,共480元。
◇ 市内交通费:公共汽车票16张,2元/张,出租车票2张,共54元。

◇ 餐饮发票：3张，共760元。
◇ 出差补助：80元/天。

4. 9月22日，支付销售部门李文代垫汽车修理费500元。请填写"支付证明单"。

现金支付证明单
年　　月　　日

明细科目	摘　要	金　额								备注
		拾	万	千	百	十	元	角	分	
										经手用款人盖章
合计金额　拾　万　仟　佰　拾　元　角　分										

负责人　　　会计　　　复核　　　出纳　　　记账　　　制票

5. 9月26日，出纳员陈梅将现金4,000元存入银行，其中100元33张，50元8张，10元12张，5元36张。请填写"现金缴款单"。

中国工商银行现金缴款单

科目			年　月　日						对方科目：			
存款单位全称			账号									
款项来源			开户银行									
人民币（大写）				百	十	万	千	百	十	元	角	分

券别	张数	金额							券别	张数	千	百	十	元	角	分
		十	万	千	百	十	元	角	分							
一百元券										五角券						
五十元券										一角券						
二十元券																
十元券																
五元券																
一元券																

6. 9月30日，公司清查小组对库存现金进行盘点，发现实存金额为2,364.52元，账存金额为2,387.52元。请填写"现金盘点报告表"。

现金盘点报告表

盘点日期： 年 月 日

实存金额	账存金额	盈亏情况		备注
		盘盈数	盘亏数	

处理意见：

监点： 复点： 核点：

任务 2　办理支付结算业务

1. 认识支付结算业务概念及使用的主要工具。
2. 了解办理支付结算的原则。
3. 理解并掌握办理支付结算的基本要求。
4. 认识并学会填制银行结算业务凭证。

一、支付结算业务概念

支付结算是指单位、个人在社会经济活动中使用票据、银行卡和汇兑、托收承付、委托收款等结算方式进行货币给付及资金清算的行为。银行是支付结算和资金清算的中介机构。

二、办理支付结算使用的主要支付工具

我国目前使用的人民币非现金支付工具主要包括"三票一卡"和结算方式。"三票一卡"是指三种票据（支票、汇票和本票）和银行卡，结算方式包括汇兑、托收承付和委托收款。

1. 支票

支票是由开票人或者付款人开出的、银行在见票时无条件支付给持票人或收款人的票据。

支票可分为现金支票、转账支票、普通支票。现金支票只能支取现金,不能转账;转账支票只能用于转账,不能支取现金;普通支票既能用于转账,也可以支取现金。在普通支票左上角划两条平行线的,为划线支票,划线支票用于转账,没有划线的普通支票只能支取现金。

按规定支票的正联日期必须用汉字大写书写,存根联日期用阿拉伯数字书写。支票正面须盖财务专用章和法人章才具法律效力,缺一不可。印泥为红色,印章必须清晰可见,印章模糊只能将本张支票作废,换一张空白支票重新填写并重新盖章。

支票的特点是使用方便,手续简便、灵活;支票的提示付款期限自出票日起 10 天;支票可以背书转让,但用于支取现金的支票不得背书转让。

支票一经背书即可流通转让,具有通货作用,成为替代货币发挥流通手段和支付手段职能的信用流通工具。运用支票进行货币结算,可以减少现金的流通量,节约货币流通费用。

支票出票人签发的支票金额,不得超出其在付款人处的存款金额。如果存款低于支票金额,银行将拒付给持票人。这种支票称为空头支票,出票人要负法律上的责任。

2. 汇票

汇票是出票人签发的,委托付款人在见票时或者在指定日期无条件支付确定的金额给某人或其指定的人或持票人的票据。汇票是一种无条件支付的委托,有三个当事人:出票人、付款人和收款人。按出票人不同,汇票可分为银行汇票和商业汇票。商业汇票又分为商业承兑汇票和银行承兑汇票。

付款期限 个月	中国工商银行 银行汇票 2		汇票号码 第 号
出票日期（大写） 年 月 日	代理付款行:		行号:
收款人:	账号:		
出票金额 人民币（大写）			千百十万千百十元角分
实际结算金额 人民币（大写）			
	账号或住址:		
申请人: 出票行:_____ 行号: 备注: 凭票付款 出票行签章		多余金额	科目（借） 对方科目（贷） 兑付日期 年 月 日 复核　　记账

● 此联代理付款行付款后作联行往账借方凭证附件。

商业承兑汇票 2 汇票号码

出票日期（大写）　　年　　月　　日　　第　　号

付款行	全称			收款行	全称				
	账号				账号				
	开户银行		行号		开户银行			行号	

出票金额	人民币（大写）	千	百	十	万	千	百	十	元	角	分

汇票到期日		合同号码	
本汇票已经承兑，到期无条件支付票款。 承兑人签章 承兑日期　年　月　日		本汇票请予以承兑于到期日付款。 出票人签章	

● 此联持票人开户行随委托收款凭证寄付款人开户行作借方凭证附件。

银行承兑汇票 2 汇票号码

出票日期（大写）　　年　　月　　日　　第　　号

出票人全称		收款行	全称				
出票人账号			账号				
付款行全称	行号		开户银行			行号	

出票金额	人民币（大写）	千	百	十	万	千	百	十	元	角	分

汇票到期日		合同号码			
本汇票请你行承兑，此项汇票款我单位按承兑协议于到期日前足额存你行，到期请予以支付。 出票人签章 年　月　日		本汇票已经承兑，到期日由本行付款。 承兑行签章 年　月　日 备注：		承兑协议编号： 科目（借） 对方科目（贷） 转账　　年　月　日 复核　　记账	

● 此联收款人开户行随委托收款凭证寄付款行作借方凭证附件。

3. 本票

本票即银行本票，是指申请人将款项交存银行，由银行签发的承诺自己在见票时无条件支付确定的金额给收款人或者持票人的票据。

银行本票按照其金额是否固定可分为不定额和定额两种。不定额银行本票是指凭证上金额栏是空白的,签发时根据实际需要填写金额(起点金额为 5,000 元),并用压数机压印金额的银行本票;定额银行本票是指凭证上预先印有固定面额的银行本票。

定额银行本票面额为 1,000 元、5,000 元、10,000 元和 50,000 元,其提示付款期限自出票日起最长不得超过 2 个月。

付款期限 个月	中国工商银行	地名	本票号码
	本　　票（卡片）	2	第 345 号
	出票日期　年　月　日 （大写)		
收款人:		科目（借）	
凭票即付人民币（大写)		对方科目（贷)	
转账	现金	付款日期　年　月　日	
备注:	出票行签章	出纳　复核　记账	

• 此联出票行留存,结清本票时作借方凭证。

4. 电汇结算

电汇即通过电报办理汇兑。电汇是汇款人将一定款项交存汇款银行,汇款银行通过电报或电传给目的地的分行或代理行(汇入行),指示汇入行向收款人支付一定金额的一种汇款方式。电汇是汇兑结算方式的一种,汇兑结算方式除了适用于单位之间的款项划拨外,也可用于单位对异地的个人支付有关款项,如退休工资、医药费、各种劳务费、稿酬等,还可用于个人对异地的单位支付有关款项,如邮购商品、书刊、交学费等。

		电 汇凭证（回单)				1	No 006890									
第 1 号							委托日期　年　月　日									
付款人	全称		收款人	全称												此联汇出行给汇款人的回单
	账号或住址			账号或住址												
	汇出地点		汇出行名称			汇入地点			汇入行名称							
	人民币（大写)					千	百	十	万	千	百	十	元	角	分	
汇款用途:																
					(交银行后视为已盖章)											

5. 信汇

信汇是指汇款人向当地银行交付本国货币，由银行开具付款委托书，用航空邮寄交国外分行或代理行，办理付出外汇业务。采用信汇方式，由于邮程需要的时间比电汇长，银行有机会利用这笔资金，所以信汇汇率低于电汇汇率，其差额相当于邮程利息。

信 汇凭证（回单）　　1　No 006890

委托日期　　年　月　日

第 1 号

付款人	全　称			收款人	全　称			此联汇出行给汇款人的回单
	账　号或住址				账　号或住址			
	汇出地点	汇出行名称	工行中山支行		汇入地点	汇出行名称		
	人民币（大写）			千 百 十 万 千 百 十 元 角 分				
汇款用途：				(交银行后视为已盖章)				

6. 信用卡结算

信用卡是一种非现金结算的支付工具，是商业银行或信用卡公司向资信良好的个人和单位发行的，凭此向特约单位购物、消费和向银行存取现金，具有消费信用的特制载体卡片，其形式是一张正面印有发卡银行名称、有效期、号码、持卡人姓名等内容，背面有磁条、签名条的卡片。

信用卡具有以下特点：不鼓励预存现金，先消费后还款，享有免息缴款期，可自主分期还款(有最低还款额)，加入 VISA、MASTER 等国际信用卡组织以便全球通用。

凡在中国境内金融机构开立基本存款账户的单位可申领单位卡，单位卡可申领若干张，持卡人资格由申领单位法定代表人或其委托的代理人书面指定和注销。

信用卡样本

7. 托收承付结算

托收承付结算是指根据购销合同由收款人发货后委托银行向异地购货单位收取货款，购货单位根据合同对单或对证验货后，向银行承认付款的一种结算方式。托收承付结算款项的划分方法分邮寄和电报两种,由收款人选用。因而相应地,托收承付结算凭证也分为邮划托收承付结算凭证和电划托收承付结算凭证两种。

邮	托收承付凭证（回单）		1	托收号码		
		委托日期（大写） 年 月 日		到期 年 月 日		

付款行	全称		收款行	全称		
	账号			账号		
	开户银行			开户银行		行号
托收金额	人民币（大写）		千 百 十 万 千 百 十 元 角 分			
附 件		商品发运情况		合同名称号码		
附寄单证张数或册数						
备注：		款项收妥日期 年 月 日		收款人开户行盖章 年 月 日		
单位主管		会计	复核	记账		

- 此联是收款人开户行给收款人的回单。

8. 委托收款结算

委托收款是收款人委托银行向付款人收取款项的结算方式。单位和个人凭已承兑商业汇票、债券、存单等付款人债务证明办理款项的结算,均可以使用委托收款结算方式。

委托收款结算方式是一种建立在商业信用基础上的结算方式,即由收款人先发货或提供劳务,然后通过银行收款,银行不参与监督,结算中发生争议的由双方自行协商解决。因此收款单位在选用此种结算方式时应当慎重,应当了解付款方的资信状况,以免发货或提供劳务后不能及时收回款项。

委邮	委托托收凭证（贷方凭证）		1		
	委托日期 年 月 日		委托号码：		

付款人	全称		收款人	全称		
	账号			账号		
	开户银行			开户银行		行号
委托金额	人民币（大写）		千 百 十 万 千 百 十 元 角 分			
款项内容		收款凭证名称		单据张数		
备注：		款项收妥日期 年 月 日		收款人开户行盖章 年 月 日		

- 此联是收款人开户行给收款人的回单。

三、办理支付结算的原则

办理支付结算应遵循以下原则:
(1) 恪守信用,履约付款。
(2) 谁的钱进谁的账,由谁支配。
(3) 银行不垫款。

四、办理支付结算的基本要求

(1) 单位、个人和银行办理支付结算,必须使用按中国人民银行统一规定印制的票据凭证和结算凭证。

(2) 单位、个人和银行应当按照《人民币银行结算账户管理办法》的规定开立、使用账户。

(3) 票据和结算凭证上的签章和其他记载事项应当真实,不得伪造、变造。出票金额、出票日期、收款人名称不得更改,更改的票据无效;更改的结算凭证,银行不予受理。票据和结算凭证上的签章为签名、盖章或者签名加盖章。

(4) 填写各种票据和结算凭证应当规范。

关于收款人名称的规定:应使用全称。

关于出票日期的规定:

① 票据的出票日期必须使用中文大写。

② 月、日填写要求:在填写月、日时,月为"壹"、"贰"和"壹拾"的,日为"壹"至"玖"和"壹拾"、"贰拾"及"叁拾"的,应当在其前加"零";日为"拾壹"至"拾玖"的,应当在其前加"壹"。

任务实施

一、转账支票业务

业务一:收款

【业务资料】

2017年9月2日,广州学友文具有限公司(开户行:广州银行光明支行;账号:81451058675081002)收到广州华大科技有限公司(开户银行:中国工商银行天河支行,账号:34114433333)转账支票一张50,000元,偿付之前所欠货款,当日存入公司银行账户。

【业务办理】

(1) 出纳员刘洁填写进账单,将转账支票背书送交本公司开户银行进账,银行盖"转讫"章。将进账单回单联带回,作收款凭据。

① 支票背书

② 填写进账单

广州银行进账单（回单） 1

2017 年 9 月 02 日　　XV07710726

出票人	全称	广州华大科技有限公司	收款人	全称	广州学友文具有限公司
	账号	34114433333		账号	81451058675081002
	开户银行	中国工商银行天河支行		开户银行	广州银行光明支行

金额　人民币（大写）伍万元整　　亿千百十万千百十元角分　¥ 5 0 0 0 0 0 0

票据种类　支票　　票据张数　壹张

票据号码　42914300

（交银行后视为已盖章）

复核　　记账　　　　开户银行盖章

此联是开户银行交给持票人的回单

（2）回单联经财务负责人审核后传递给会计填制记账凭证。

> **小知识**
>
> 转账支票进账分为正送与倒送（即"倒进账"）两种方式。正送方式是指付款人将支票交给收款人，由收款人交到收款人自己的开户银行，并填写进账单，其缺点是入账时间较长。倒送方式是指付款人直接将支票送到收款人的开户银行，并填写进账单，具有入账时间短的优势。本业务流程采用的是正送式。

业务二：付款

【业务资料】

2017 年 9 月 4 日，广州学友文具有限公司从东莞文华公司（开户银行：中国工商银行南城支行，账号：4564545678，统一社会信用代码：91441900NS5HU34567）购入货物一批，价款共计 270,000 元，增值税额为 45,900 元，增值税专用发票已收到，货物已验收入库。

【业务办理】

（1）业务部门将增值税专用发票传递到财务部，仓管部门将入库单传递到财务部，出纳员复核业务凭证（增值税专用发票和入库单），开具转账支票。

（2）出纳员将支票交财务主管审批，财务主管审批通过后盖财务专用章，出纳员盖法人章。出纳员将支票存根撕下，支票正联由业务部门交东莞文华公司。

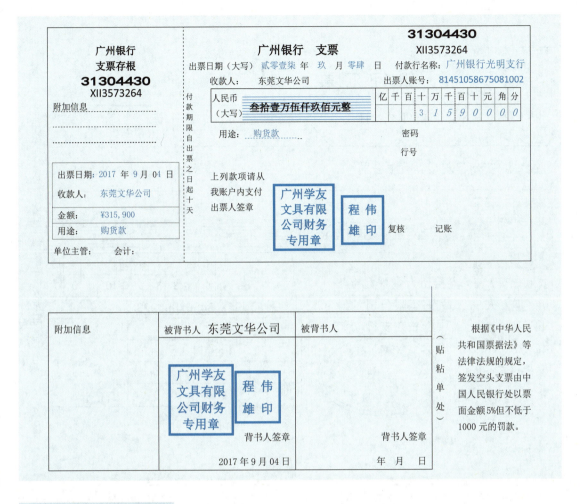

二、银行汇票业务

业务一：收款

【业务资料】

2017年9月10日，广州学友文具有限公司向湖南利海有限公司（开户银行：中行长江支行，账号：34567891923）销售文具一批，价税款共计351,000元，收到对方开具的一张银行汇票。

【业务办理】

出纳员复核收到的银行汇票及销售发票，填写汇票实际结算金额，填写进账单将银行汇票送存银行办理进账手续，将进账单加单联带回，作收款凭据。

付款期限 壹个月	银 行 汇 票	2	汇票号码 2098	
出票日期（大写）	贰零壹柒年玖月壹拾日		代理付款行：广州银行光明支行	
收款人： 广州学友文具有限公司			账号： 81451058675081002	
出票金额	人民币（大写） 叁拾伍万贰仟元整			

实际结算金额 人民币（大写） 叁拾伍万壹仟元整	千	百	十	万	千	百	十	元	角	分
				3	5	1	0	0	0	0

申 请 人：	利海有限公司	账号或地址： 34567891923
出 票 行：	中行长江支行	密押
备 注：	（中国银行股份有限公司 68111 汇票专用章）	多余金额
凭票付款		
出票行签章		

	千	百	十	万	千	百	十	元	角	分
						1	0	0	0	0

复核　记账

此联代理付款行付款后作联行往账借方凭证附件

（银行汇票背面）

注：解讫通知联略。

广州银行进账单　　（回单）　1

年　月　日　　　　　XV 16479778

付款人	全称	湖南利海有限公司	收款人	全称	广州市学友文具有限公司
	账号	34567891923		账号	81451058675081002
	开户银行	中国银行长江支行		开户银行	广州银行光明支行

金额	人民币（大写）叄拾伍万壹仟元整	亿	千	百	十	万	千	百	十	元	角	分
					3	5	1	0	0	0	0	0

票据种类	汇票	票据张数	1
票据号码		2098	

交给银行后视为已盖章

（广州银行股份有限公司 23451 汇票专用章）

复核　　记账

此联是开户银行交给持（出）票人的回单

业务二：付款

【业务资料】

2017年9月16日，湖南利海有限公司发现2017年9月10日向广州学友文具有限公司购买的一批产品中，部分货物出现质量问题，经双方协商同意退货，共计货款4,000元，增值税680元，以银行汇票支付。

【业务办理】

出纳员复核相关原始凭证，填写"银行汇票申请书"，经银行受理，将汇票2、3联交业务经办人员，存根联留存。

银行汇票申请书（存根）　1　第 1 号

申请日期　2017 年 9 月 16 日

申请人	广州学友文具有限公司	收款人	利海有限公司
账号	81451058675081002	账号	34567891923
用途	支付退货款	代理付款行	广州银行光明支行

汇票金额	人民币（大写）肆仟陆佰捌拾元整	千	百	十	万	千	百	十	元	角	分
					¥	4	6	8	0	0	0

上列款项请从我账户内支付

科　目

对方科目（贷）

转账日期　年　月　日

申请人盖章（广州学友文具有限公司财务专用章）　复核　　记账

此联申请人留存

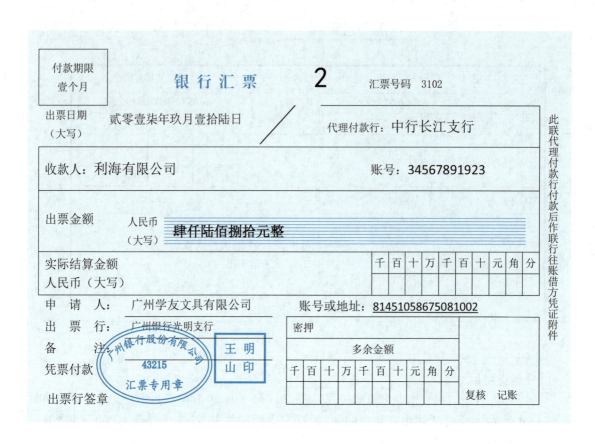

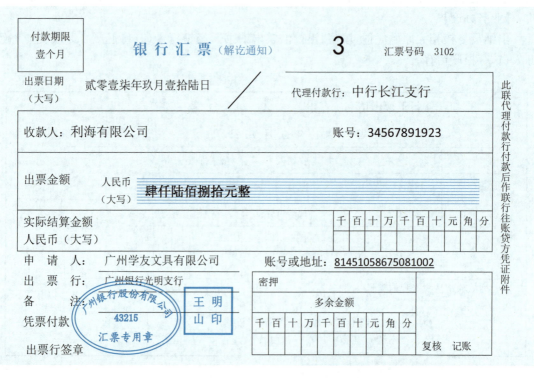

三、银行本票业务

【业务资料】

2017年9月20日,广州学友文具有限公司向开户行申请银行本票,用于支付广州天娱广告有限公司(开户银行:建行广州中山路分行,账号:42014125769)广告费100,000元。

【业务办理】

(1) 出纳员填写"银行本票申请书"。

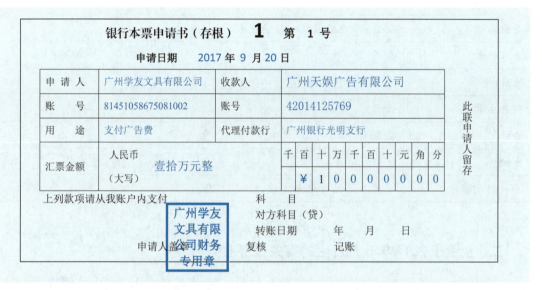

(2) 将申请书递交银行办理银行本票。

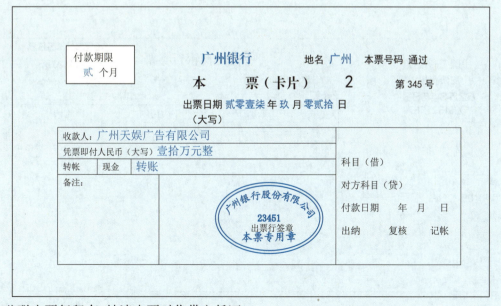

- 此联出票行留存,结清本票时作借方凭证。

一、企业基本资料

项　目	内　容
企业名称	中山同仁有限公司
企业类型	制造业，为增值税一般纳税人
法人代表	金鼎
地址、电话	中山市朝阳北路18号；0760-88222211
财务主管	索云旺
会计	徐丽丽
出纳	王虹
开户行及账号	中国工商银行中山支行；23010222211

二、企业于2017年9月发生的有关经济业务

1. 9月3日，从河南大力有限公司采购A材料一批，增值税专用发票上注明货款20,000元，增值税3,400元，价税款用转账支票支付。

【要求】填制转账支票。

2. 9月10日,向中山百发有限公司(开户银行及账号:工商银行中山支行;33013333222)销售A产品一批,价税款585,000元,收到转账支票一张,开出进账单,将支票及进账单一并送交开户银行。

中国工商银行 支票

31305532
XII3575468

出票日期(大写)贰零壹柒年玖月零壹拾日　　付款行名称:工商银行中山支行
收款人:中山同仁有限公司　　　　　　　　　　出票人账号:33013333222

人民币(大写)	伍拾捌万伍仟元整	亿	千	百	十	万	千	百	十	元	角	分
				¥	5	8	5	0	0	0	0	0

用途:货款　　　　　　密码
　　　　　　　　　　　行号

中山百发有限公司财务专用章　　张三印

复核　　记账

【要求】支票背书,填写进账单。

中国工商银行进账单　(回单) 1

年　月　日　　　　XV 16479778

付款人	全称		收款人	全称	
	账号			账号	
	开户银行			开户银行	
金额	人民币(大写)		亿 千 百 十 万 千 百 十 元 角 分		
票据种类		票据张数			
票据号码			交给银行后视为已盖章		
		复核　　记账			

此联是开户银行交给持(出)票人的回单

附加信息	被背书人	被背书人	（贴粘单处）	根据《中华人民共和国票据法》等法律法规的规定，签发空头支票由中国人民银行处以票面金额5%但不低于1000元的罚款。
	背书人签章 年　月　日	背书人签章 年　月　日		

3. 9月16日，向江西方大有限公司(开户银行及账号：建设银行平远支行；54016666222)购买一批材料，共计货款150,000元，增值税25,500元，以银行汇票支付。

【要求】填写银行汇票申请书。

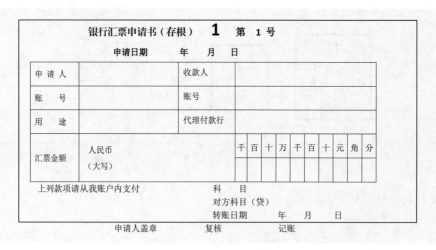

4. 9月20日，向福建永定有限公司(开户银行及账号：中国银行永定支行；65017777111)销售一批货物，共计货款350,000元，增值税59,500元，收到银行汇票一张。将银行汇票背书，送存银行。

【要求】将银行汇票背书，填写银行进账单。

（银行汇票背面）

被背书人	被背书人
背书人签章 年　月　日	背书人签章 年　月　日

持票人向银行提示付款签章	身份证件名称					发证机关								
	号码													

| 中国工商银行进账单 | （回单） | 1 |

年　　月　　日　　　　　　　XV 16479778

付款人	全称		收款人	全称		此联是开户银行交给持（出）票人的回单
	账号			账号		
	开户银行			开户银行		
金额	人民币（大写）				亿 千 百 十 万 千 百 十 元 角 分	
票据种类		票据张数				
票据号码						
				交给银行后视为已盖章		
		复核　　记账				

任务3　网络支付结算

任务目标

1. 了解网络支付结算的概念及分类。
2. 认识网络支付的主要表现形式。
3. 熟悉网络支付的基本功能及主要特征。
4. 熟悉支付宝、网上银行的注册流程，了解网上银行的业务。

知识准备

随着科学技术的不断发展，特别是电子技术的日新月异，现钞的使用量逐渐减少，同时支付结算工具也越来越多元化，非接触式卡、电子货币以及各种智能卡、虚拟卡的兴起，极大地丰富了支付结算工具，使支付结算朝着更安全、更方便和更快捷的方向发展。

一、网络支付结算的含义

所谓网络支付结算，是以电子商务为商业基础，以商业银行为主体，使用安全的主要基于互联网平台的运作平台，通过网络进行的为交易客户间提供货币支付或资金流转等现代化支付结算手段的支付结算方式。

二、网络支付的主要表现形式

网络支付的主要表现形式为网上银行、第三方支付、移动支付。

1. 网上银行

网上银行又称网络银行、在线银行,是指银行利用互联网技术,通过互联网向客户提供开户、查询、对账、行内转账、跨行转账、信贷、网上证券、投资理财等传统服务项目,使客户可以足不出户就能够安全便捷地管理活期和定期存款、支票、信用卡及个人投资等。可以说,网上银行是在互联网上的虚拟银行柜台。

网上银行又被称为"3A 银行",因为它不受时间、空间限制,能够在任何时间(Anytime)、任何地点(Anywhere)、以任何方式(Anyway)为客户提供金融服务。

2. 第三方支付

第三方支付是指具备一定实力和信誉保障的独立机构,采用与各大银行签约的方式,通过与银行支付结算系统接口对接而促成交易双方进行交易的网络支付模式。

在第三方支付交易流程中,支付模式使商家看不到客户的银行卡信息,同时又避免了银行卡信息在网络上多次公开传输而导致银行卡信息被窃的风险。

以 B2C 交易为例的第三方支付交易流程如下:

第一步,客户在电子商务网站上选购商品,最后决定购买,买卖双方在网上达成交易意向;

第二步,客户选择利用第三方作为交易中介,客户用银行卡将货款划到第三方账户;

第三步,第三方支付平台将客户已经付款的消息通知商家,并要求商家在规定时间内发货;

第四步,商家收到通知后按照订单发货;

第五步,客户收到货物并验证后通知第三方;

第六步,第三方将其账户上的货款划入商家账户中,交易完成。

目前国内第三方支付平台有 300 多家,其中主流的支付平台有:支付宝 ALIPAY(浙江蚂蚁小微金融服务集团有限公司)、银联商务(银联商务有限公司)、微信支付(深圳市腾讯计算机系统有限公司)、银联在线(上海银联电子支付服务有限公司)、快钱(快钱支付清算信息有限公司)、财付通(财付通支付科技有限公司)、百度钱包(百度在线网络技术(北京)有限公司)等。

3. 移动支付

移动支付也称为手机支付,就是允许用户使用其移动终端(通常是手机)对所消费的商品或服务进行账务支付的一种服务方式。单位或个人通过移动设备、互联网或者近距离传感直接或间接向银行金融机构发送支付指令产生货币支付与资金转移行为,从而实现移动支付功能。移动支付将终端设备、互联网、应用提供商以及金融机构相融合,为用户提供货币支付、缴费等金融业务。

三、网络支付结算方式的分类及支付结算流程图

1. 分类

(1)按开展电子商务的实体性质分类

① B2C 型网络支付方式:信用卡网络支付、IC 卡网络支付、电子现金等。

② B2B 型网络支付方式：电子支票网络支付、电子汇兑、SWIFT、CNAPS 等。

（2）按网络支付金额的规模分类

① 微支付：在互联网上进行的一些小额资金的支付。在满足一定安全性的前提下，要求尽量少的信息传输，较低的管理和存储需求，即速度和效率要求比较高。现在流行的微信支付是其代表方式。

② 消费者级网络支付：支付宝、信用卡、电子现金、小额电子支票、个人网络银行账号等。

③ 商业级网络支付：FEDI、电子汇兑系统、CNAPS、电子支票、企业网络银行服务等。

（3）按支付终端分类

① 移动支付：用户使用移动终端（通常是手机）对所消费的商品或服务进行账务支付的一种服务方式。除手机外，使用平板电脑、上网本等其他移动终端也可以进行移动支付。

② 电脑支付：电脑支付是最先兴起的互联网支付方式，随着移动支付的兴起，其地位受到挑战，但在目前仍然占据着互联网支付中最多的份额。

③ 互联网电视支付：主要分为两种，一是将类似 POS 机的装置植入到遥控器当中；二是将银行卡的支付功能植入数字电视机顶盒里面。

2. 支付结算流程图

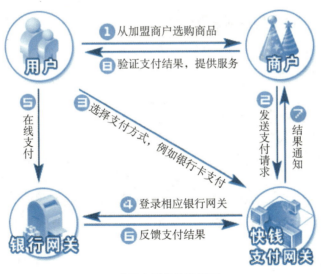

互联网支付结算流程图

四、网络支付的基本功能及主要特征

1. 网络支付的基本功能

(1) 能够使用数字签名和数字证书等实现对网上商务各方的认证，以防止支付欺诈。

(2) 能够使用较为尖端的加密技术，对相关支付信息流进行加密。

(3) 能够使用数字摘要算法确认支付电子信息的真伪性，防止伪造假冒等欺骗手段。

(4) 当网上交易双方出现纠纷，特别是有关支付结算的纠纷时，系统能够保证对相关行为或业务的不可否认性。

(5) 能够处理网上贸易业务的多边支付问题。

(6) 整个网络支付结算过程对网上交易各方特别是对客户来讲，应该是方便易用的，手续与过程不能太繁琐，大多数支付过程对客户与商家应是透明的。

(7) 能够保证网络支付与结算的速度，即应该让商家与客户感到快捷，这样才能体现电子商务的效率，发挥网络支付的优点。

2. 网络支付的主要特征

(1) 网络支付主要在安全开放的公共网络系统中，通过看不见但先进准确的数字流完成相关信息传输，即采用数字化方式完成款项支付结算。

(2) 网络支付具有方便、快捷、高效、经济的优势。

(3) 网络支付具有轻便性和低成本性。

(4) 网络支付和结算具有较高的安全性和一致性。

(5) 网络支付可以提高开展电子商务企业的资金管理水平。

(6) 银行提供网络支付结算支持使顾客的满意度和忠诚度上升，为银行与开展电子商务的商家实现良好的客户关系管理提供了支持。

一、开通个人支付宝网络支付方式

1. 开通支付宝网络支付步骤

第一步：进入支付宝官网。

支付宝官网地址：www.alipay.com，在浏览器中输入后，自动转至 https://www.alipay.com/。输入完毕至官网后，点击免费注册。

第二步：验证用户名。

一般个人请选择个人账户，然后输入个人信息。账户名可以输入电子邮箱或者手机号码，由于支付宝属于个人财产部分，此处建议可输入手机号码。当然也可以选择更为方便的电子邮箱。输入验证码，输入完毕后，点击"下一步"。此处以输入邮箱为例。点击"下一步"后，将会弹出"请在 24 小时内点击邮件中的链接"等字样。这个时候，你需要登录你的邮箱，去查收该封邮件。

第三步：邮件查收。

一般网速还可以的话，瞬间就收到邮件了。如果没有收到，不妨到垃圾邮箱中找一找，邮件有可能会被过滤到垃圾邮箱中。点击邮件中的"继续注册"，或者复制网址至浏览器。

第四步：设置个人信息。

(1) 设置登录密码。登录密码是登录支付宝的时候所用的密码，只是能够进入该账户的电子密码。

(2) 设置支付密码。当你和别人发生交易时，不仅需要输入支付密码来保证这个账户是你的，而且还要有支付密码才能够使用这里面的金额。

(3) 设置身份信息。请填写真实的姓名和身份证号，如果填写虚假的将会导致后续不能通过实名认证，也就不能发生交易。

第五步：完成开通。

完成开通时，支付宝将会提示：恭喜您开通支付宝服务。点击上方的支付宝，可进入登录页面，直接点击登录。

支付宝开通完成界面图

2. "支付宝"互联网支付方式的安全注意事项

（1）如果首次登录可能需要下载支付宝的安全登录控件。这样就完成了整个支付宝的注册过程。

（2）加强密码防护。支付宝提醒，用户应尽量为支付账户设置单独的、高安全级别的密码，如果邮箱、微博、开心网的登录名和支付宝账户名一致，务必保证密码不同。此外，支付宝的登录密码和支付密码务必要设置成不同的密码，形成"双保险"。

（3）不要点击不明链接安装不明文件，谨防木马病毒、钓鱼网站袭击账户。网购过程中，要按照所在购物网站的正规购物流程进行购买，不要轻易点击不明链接进行购买和支付，要让钓鱼网站和木马病毒没有可乘之机。

（4）绑定手机，使用手机动态口令。支付宝等网络支付账户都支持绑定手机并支持设定手机动态口令。用户可以设定当单笔支付额度或者每日支付累计额度超过一定金额时就需要进行手机动态口令校验，从而增强资金的安全性。

（5）使用支付宝快捷支付，享受全额赔付保障。通过第三方支付平台跳转到网银页面的中间步骤进行木马、钓鱼作案，是盗用者惯用的手段，但无需网银的快捷支付省去跳转环节。支付宝承诺用户因使用快捷支付发生资金损失的，将在接到问题反映后72小时内给予全额赔付。

二、企业支付宝账户申请和认证

1. 企业支付宝账户申请

第一步：在支付宝网站注册企业账户。

支付宝账户分为个人和公司两种类型，请根据自己的需要慎重选择账户类型，公司类型的支付宝账户一定要有公司银行账户与之匹配。账户类型是不能修改的。

（1）打开 www.alipay.com，点击"免费注册"；

（2）点击"企业账户"，填入电子邮箱和验证码（公司账户只能邮箱注册），点击"下一步"；

(3)点击"立即查收邮件",进入邮箱;

(4)在邮箱中会收到一封激活支付宝账户的邮件,点击"请激活您的支付宝账户";

(5)点击"继续注册";

(6)填写相关信息,点击"确定"。

2. 企业支付宝账户认证

申请企业类型的支付宝账户,需进行支付宝实名认证。

(1)打开 www.alipay.com,登录支付宝账户,点击"立即点此申请";

(2)点击"立即申请";

(3)在"法定代表人"这一列,选择"立即申请";

(4)填写企业基本信息并上传营业执照,"商家认证公司名称"一栏不支持填写中间的"·";

(5)填写对公银行账户信息;

(6)填写法人信息,上传法人证件图片(温馨提示:手机号码仅支持11位数字,且以13/14/15/18开头);

(7)法人身份信息审核成功后,等待人工审核(审核营业执照和法人证件,时间为2天);

(8)人工审核成功后,等待银行卡给公司的对公银行账户打款;

(9)填写确认金额;

(10)认证成功。

三、企业网上银行

企业网上银行是通过互联网或其他公用信息网,将客户的电脑终端连接至银行主机,实现将银行服务直接送到客户办公室、家中或出差地点的银行对公服务系统。

1. 企业网上银行的申请

(1)企业客户持营业执照原件、单位介绍信、经办人身份证件到账户开户网点签订"简版网上银行客户服务协议"、"企业客户服务申请表"。

(2)银行柜员审核客户提交信息的真实性,包括核对银行预留印鉴,确认无误后办理签约手续。

(3)客户次日登录银行主页(如中国建设银行 http://www.ccb.com),点击"登录网上银行"。在"证书下载"中选择"企业银行证书",点击"下载"。必须要记录下CN证书号、登录密码,并注意保密。

2. 登录企业网上银行

进入银行主页(如中国建设银行 http://www.ccb.com)选择"网上银行服务"后,点击"企业网上银行"登录,进入以下页面:

3. 企业网上银行的业务功能

(1) 账户管理；

(2) 网上收款；

(3) 网上付款；

(4) 集团理财；

(5) 网上信用证；

(6) 投资理财；

(7) 贵宾室；

(8) 银企互联；

(9) 电子商务；

(10) 支付结算代理。

4. 使用企业网上银行的益处

(1) 不再有大量的手工操作，减少人为差错，提高准确率。

(2) 无需签字盖章，无需储备和管理支票，有效防范假的银行支票，提高工作效率，降低支付成本，有效防范金融风险。

(3) 财务集中管理，可以管理多个账户，只要在银行的账户均可以统一到网银并进行远程操作。

(4) 不用外出跑银行，节省了往来银行的时间和费用，真正实现移动办公。

(5) 资金在途时间短，提高资金利用率和周转速度。

(6) 不影响到柜面办理业务，柜面、网上二者皆可。

任务巩固

一、个人网上银行业务的实操。

1. 要求

(1) 浏览某银行网站(实操步骤中以中国银行为例)；

(2) 了解个人网上银行业务的内容；

(3) 熟悉个人网上银行业务的电子支付流程及有关规定；

（4）申请开通个人网上银行业务。

2. 实操方法与步骤

（1）登录中国银行网站(http://www.boc.cn)，阅读并了解电子银行章程、个人网上银行交易规则、安全措施、收费标准等内容；

（2）点击"个人网上银行申请"按钮，按提示下载安装系统补丁程序；

（3）按提示点击"同意协议"，并点击"下一步"；

（4）输入自己的银行卡卡号及相关信息，并设置登录网上银行的密码；

（5）持有关证件到中国银行柜台完成网下签约，申请动态电子口令卡或 USB-KEY 等操作；

（6）登录中国银行官网主页，点击"个人网上银行登录"，输入账号、密码等信息后点击"确认"；

（7）进入自己的网上银行账户后，点击查看相关的功能，查询账户资金余额和账户明细；

（8）尝试与同学进行小额资金的网上转账；

（9）点击"退出"按钮完成实操。

3. 实操报告要求

记录实操的主要操作过程和结果，并能通过实操谈谈自己的收获或体会。

二、网银在线电子钱包支付实操。

1. 要求

（1）新建登录用户；

（2）完成电子钱包设置；

（3）利用电子钱包在网上购物；

（4）查看电子钱包购物记录。

2. 实操方法与步骤

（1）登录网银钱包网站（www.qianbao.com），点击"关于网银钱包"，阅读了解网银钱包；

（2）回到首页，点击"注册"，按提示输入 E-mail 地址、姓名、身份证、安全提问等信息后点击"确认"；

（3）申请成功后打开邮箱，进行申请确认，在邮件中点击"确认"按钮或"确认"链接；

（4）回到网银钱包网站，输入注册的电子邮箱地址、密码和校验码后点击"登录"；

（5）查看自己的钱包账户信息；

（6）补充完整自己的个人信息，设置支付密码；

（7）添加银行账户信息；

（8）绑定手机号码；

（9）进行"加钱"操作，按提示从自己的银行卡中充值至钱包。

（10）点击退出按钮完成实操。

3. 实操报告要求

记录实操的主要操作过程和结果，并能通过实操谈谈自己的收获或体会。

三、调查电子商务网站所提供的支付结算方式,并填写下表。

电子商务网站的支付结算方式

当当书店	京东商城	淘宝网	亚马逊	去哪儿网

四、登录中国银行、中国工商银行、中国建设银行、招商银行的网站,查看其开展的个人网上银行业务。通过列表形式比较分析各银行网上业务的特点,并记录到下表中。

各银行个人网上银行业务的特点

中国银行	中国工商银行	中国建设银行	招商银行

项目五　采购业务

任务1　选择供应商订购商品

1. 掌握采购商品的原则和程序。
2. 能够填制采购计划单。
3. 掌握采购业务的办理,学习填写申购单、采购合同、商品入库单。

一、商品采购的概念及原则

1. 商品采购的概念

商品采购是商业企业在对市场进行调查研究的基础上,为满足消费者需求,选择商品和办理商品购买手续,取得商品所有权的一种经营活动。它是商业企业开展经营活动的开始和取得经营主动权的第一步,也是企业降低成本的重要手段。

零售商可以通过与生产者或批发商等供货者建立密切的贸易关系,在适当的时间内,以理想的方式和价格得到独具特色的、受消费者欢迎的商品,这样不但可以直接获得较高的利润,还可以加快商品周转获得周转效益。

2. 商品采购的原则

(1) 以需定进

以需定进是指根据目标市场的商品需求状况来决定商品的购进。对零售企业来说,买与卖的关系绝不是买进什么商品就可以卖出什么商品;而是市场需求什么商品,什么商品容易卖出去,才买进什么商品。所以以需定进的原则又称为"以销定进",即卖什么就进什么,卖多少就进多少,完全由销售情况来决定。

坚持以需定进原则时,还要对不同商品采取不同的采购策略,例如:

① 对销售量一直比较稳定,受外界环境因素干扰较小的日用品,可以以销定进,销多少买多少,销什么买什么。

② 对季节性商品要先进行预测,再决定采购数量,以防止商品过期造成积压滞销。

③ 对新上市的商品需要进行市场需求调查,然后决定进货量。销售时,商店可采取适当的广告宣传,引导和刺激顾客消费。

(2) 勤进快销

勤进快销是指零售企业进货时坚持小批量、多品种、短周期的原则,这是由零售企业的性质和经济效益决定的。因为零售企业的规模有一定限制,周转资金也有限,且商品储存条件较差,为了扩大经营品种,就要压缩每种商品的进货量,尽量增加品种数,以勤进促快销,以快销促勤进。

(3) 以进促销

以进促销是指零售企业采购商品时,广开进货门路,扩大进货渠道,购进新商品和新品种,以商品来促进和拉动顾客消费。

以进促销原则要求零售企业必须事先做好市场需求调查工作,在此基础上决定进货品种和数量。一般来说,对那些新开发的,还只是处于试销阶段的商品,要少进试销,只有被顾客认可和接受以后,才能批量进货。

(4) 储存保销

储存保销是指零售企业要保持一定的商品库存量,以保证商品的及时供给,防止脱销而影响正常经营。

储存保销要求零售企业随时调查商品经营和库存比例,通过销售量来决定相应合理的库存量,充分发挥库存保销的作用。

(5) 文明经商

零售企业面对的是顾客,以向顾客销售商品来获取利润,因此必须坚持文明经商、诚信待客的原则。这一原则与商品采购相联系,便是进货时要保证质量,杜绝假冒伪劣商品。

许多零售企业进货时都坚持"五不进一退货"原则,以保证消费者和自身利益。"五不进一退货"具体是指:①不是名优商品不进;②假冒伪劣商品不进;③无厂名、无厂址、无保质期的"三无"商品不进;④无生产许可证、无产品合格证、无产品检验证的"三无"商品不进;⑤商品流向不对的商品不进;⑥购进商品与样货不符合的坚决退货。

(6) 信守合同

信守合同是指采购商品时,要以经济合同的形式与供货商之间确定买卖关系,保证买卖双方的利益不受损害,并使零售企业的经营能够正常进行。

因此,在制定采购合同时,必须保证其有效性和合法性,使采购合同真正成为零售企业正常运转的有效保障。

二、商品采购的形式

商品采购的形式按照采购方式的不同分为市场选购、合同订购、预购;按照采购交换形式的不同分为现货采购、期货采购、先售货后付款采购;按照企业内部进货管理层次的不同分为集中采购、分散采购以及集中与分散相结合的采购;按照企业外部联合采购形式的不同分为采购中心集中采购和联购分销。企业在经营活动中,应根据自身的经营特点、经营范围、规模大小等情况,选择合适的采购方式,为企业节省更多的人力、财力、时间和空间。

三、商品采购的程序

商品采购是一个非常复杂的问题,涉及许多方面和细节,一旦处理不慎就会出现误差、延误进货等问题,最终影响商品销售。

商品采购时,主要有以下步骤:
(1) 制定需要采购的商品目录,将商品的各项要求详细列明。
(2) 选择供货商,洽谈商品供销事宜。
(3) 进行市场采价,与供货商的价格进行比较,作为商品采购价格的基础。

(4) 查看样货,看样选购。
(5) 与供货商议定商品供应价格。
(6) 发出订购合同。
(7) 审阅供货商的各种发票单据。
(8) 收货及验货存库,并记录存档,制作卡片。
(9) 跟踪管理,根据商品销售情况,调整商品摆放位置、陈列面积等,促进商品销售。

任务实施

一、制订采购计划

【资料】2017 年 6 月 3 日,广州明升商贸有限公司采购部员工李蕾计划采购一批商品,采购物品名称:签字笔,数量 200 盒,计划单价 12.6 元;文件夹,数量 380 个,计划单价 8.2 元。

【要求】填写"采购计划单"。

采购计划单

计划单位	广州明升商贸有限公司		用途		销售
计划时间	2017 年 6 月 3 日		计划人		李蕾
购买日期	2017 年 6 月 10 日		采购人		李蕾
物品名称	规格	数量	单位	计划单价	实际单价
签字笔	12 支/盒	200	盒	12.6	
文件夹	A4	380	个	8.2	
部门主管审批	李欣		财务主管审批		王元
总经理审批	刘文		日期		2017 年 6 月 3 日

二、选择供应商

【资料】2017 年 6 月 5 日,广州明升商贸有限公司采购部员工李蕾经过对供应商的调查,选择东莞联华文具厂作为供应商。

供应商名称:东莞联华文具厂
法人代表:黎振华
注册资本:300 万元
地址:东莞市华光路 33 号　　邮编:730000
税号:440280189756733

企业性质：私营
开户行：华夏银行华光支行　账号：6212020512002456804
主要经营产品：办公用品，平均交货期15天，年产量172,000件
其余资料自拟。
【要求】填写"供应商调查表"、"合格供应商名录"。

供应商调查表

供应商名称	东莞联华文具厂				
一、供应商概况	法人代表	黎振华	注册资本	300万元	
	地址	东莞市华光路33号	邮编	730000	
	企业性质	私营	税号	440280189756733	
	开户银行	华夏银行华光支行	账号	6212020512002456804	
	业务联系人	黎真	手机	13712942287	
	电话、传真	0769-81069062	邮箱	Lizhen@163.com	
	质量联系人		电话		
	成立年份		网址		
企业规模	固定资产（万元）	上年销售额（万元）	厂房面积（平方米）	员工人数（人）	技术工程师人数（人）	质量工程师人数（人）
	1,700	439	890	120	15	18
主营产品	供应种类	规格	交货期	年产量	主要业绩客户	主要市场
	办公用品		15天	172,000件		
原材料信息	主要原料名称			供应厂家		
主要生产设备	生产设备名称、型号	产能	数量	品牌	使用年限
主要检测设备	检测设备名称、型号	精度	数量	品牌	使用年限

续 表

二、生产工艺流程(可附页说明)			
三、计划提供产品清单			
四、其他特别说明			
填表人员	单位名称		(供应商盖章)
	姓名		职务
	电话		日期

合格供应商名录

序号	供应商名称	企业性质	起始日期	产品种类	联系人	电话
	东莞联华文具厂	私营	2003年8月	办公用品	黎真	13712942287

发布单位(盖章):

三、签订合同

【资料】2017年6月8日,广州明升商贸有限公司向东莞联华文具厂采购物品,物品名称:签字笔,数量200盒,实际含税单价13.4元;文件夹,数量380个,实际含税单价8.6元,需要在月底前到货。

【要求】填写"申购单"、"采购合同"。

申 购 单

申购部门:采购部　　　　　　　　　　　　　　　申请日期:2017年6月8日

序号	物品名称	用途	规格/型号	数量	单位	单价	金额	需要日期	审批人意见
1	签字笔	销售	0.5 mm	200	盒	13.4	2,680	2017.6.30	
2	文件夹	销售	A4	380	个	8.6	3,268	2017.6.30	

公司审核:刘文　　　　　　部门审核:李欣　　　　　　申购人:李蕾

采购合同

乙方/供方(全称)：东莞联华文具厂
甲方/需方(全称)：广州明升商贸有限公司

根据《中华人民共和国合同法》规定，经双方协商，签订本合同，以资共同信守。

一、根据甲方公司的发展需要，需向乙方公司订购产品如下：

序号	名称	规格	单位	数量	含税单价	含税金额	交货日期	交货地点
1	签字笔	0.5 mm	盒	200	13.4	2,680	2017.6.30	广州市远华路147号
2	文件夹	A4	个	380	8.6	3,268	2017.6.30	广州市远华路147号

总金额(大写)：伍仟玖佰肆拾捌元整

二、产品图纸提供办法及保密需求：
1. 甲方应当按规定日期提供订做产品的图纸或样板等。
2. 乙方在依照甲方的要求进行工作期间，发现提供的图纸或样板不合理，应当及时通知甲方；甲方应当在规定的时间内回复，提出修改意见。乙方在规定的时间内未得到答复，有权停止工作，并及时通知甲方，因此造成的损失，由甲方赔偿。
3. 乙方必须对甲方提供的图纸等技术资料进行保密，不得向任何人泄漏任何相关资料，也不得在甲方订单之外利用甲方提供的资料自行加工、销售。

三、验收标准、方法和期限：
甲方以合同约定的交货日期严格按照样品验收(按合同约定之质量标准)，并派业务员跟单，其食宿由乙方负责。

四、交(提)货方法及运杂费负担：
1. 乙方严格按照甲方的要求进行内、外包装及发运包装。
2. 于甲方指定的地点　广州市远华路147号　交货。
3. 运输方式为　公路运输　；运费由　甲方　负担。

五、货款结算时间及方法：
1. 在乙方交货后，由乙方开具增值税专用发票交付甲方。
2. 货款于交货后一个月内结算，甲方以　支票　方式与乙方结算。

六、通过邮寄、托运发货时请标明发货单位、收件人，否则因标示不清而造成的货物丢失或损坏，甲方概不负责。

七、本合同自签订之日起，双方签字盖章后生效，任何一方不得擅自修改或终止。如需修改或终止的，应经双方协商同意，另立补充协议。补充协议与本合同具有同等效力。

八、本合同在履行期内任何一方违约，需承担总金额20%的违约金。

九、合同争议的解决方式：本合同在履行过程中发生的争议，由双方当事人协商解决，协商不成的依法向广州市白云区人民法院起诉。

续

> 十、本合同一式两份,双方各执一份。
>
> 法定代表人：刘文 　　　　　法定代表人：黎振华
> 委托代理人： 　　　　　　　委托代理人：
> 地址：广州市远景路147号 　地址：东莞市华光路33号
>
> 　　　　　　　　　　　　　　　　　　2017年6月9日订立

一、制订采购计划

【资料】2017年7月1日,广州乐其贸易有限公司采购部员工梁天计划采购一批商品用于销售,采购物品名称：纯棉短袜,数量8,400组,计划单价14.5元；连裤袜,数量6,200组,计划单价21.7元。

【要求】填写"采购计划单"。

采购计划单

计划单位			用途	
计划时间			计划人	
购买日期			采购人	
物品名称	规格	数量	计划单价	实际单价
部门主管审批			财务主管审批	
总经理审批			日期	

二、选择供应商

【资料】 2017年7月8日,广州乐其贸易有限公司采购部员工梁天经过对供应商的调查,选择珠海美绢服装厂作为供应商。

供应商名称:珠海美绢服装厂
法人代表:罗美娟
注册资本:510万元
地址:珠海市滨海路287号　邮编:519400
税号:440290189756765
企业性质:私营
开户行:中国工商银行滨海支行　账号:6215778838797305
主要经营产品:服装,平均交货期23天,年产量172,000件
其余资料自拟。

【要求】 确定货源,选择供应商,填写"供应商调查表"、"合格供应商名录"。

供应商调查表

供应商名称						
一、供应商概况	法人代表			注册资本		
	地址			邮编		
	企业性质			税号		
	开户银行			账号		
	业务联系人			手机		
	电话、传真			邮箱		
	质量联系人			电话		
	成立年份			网址		
企业规模	固定资产(万元)	上年销售额(万元)	厂房面积(平方米)	员工人数(人)	技术工程师人数(人)	质量工程师人数(人)
主营产品	供应种类	规格	交货期	年产量	主要业绩客户	主要市场

续 表

原材料信息	主要原料名称			供应厂家		
主要生产设备	生产设备名称、型号	产能	数量		品牌	使用年限
主要检测设备	检测设备名称、型号	精度	数量		品牌	使用年限

二、生产工艺流程(可附页说明)

三、计划提供产品清单

四、其他特别说明

填表人员	单位名称	（供应商盖章）		
	姓名		职务	
	电话		日期	

合格供应商名录

序号	供应商名称	企业性质	起始日期	产品种类	联系人	电话

发布单位(盖章)：

三、签订合同

【资料】2017年7月15日,广州乐其贸易有限公司向珠海美绢服装厂采购物品:纯棉短袜,数量8,400组,单价14.8元;连裤袜,数量6,200组,单价22.3元。

【要求】填写"申购单"、"采购合同"。

申 购 单

申购部门:　　　　　　　　　　　　申请日期:　　　年　　月　　日

序号	物品名称	用途	规格/型号	数量	单价	金额	需要日期	审批人意见

公司审核:　　　　　　　　　部门审核:　　　　　　　　　申购人:

采 购 合 同

供方(全称):

需方(全称):

根据《中华人民共和国合同法》规定,经双方协商,签订本合同,以资共同信守。

一、根据需方公司的发展需要,需向供方公司订购产品如下:

序号	名称	规格	单位	数量	含单价	含税金额	税率	交货日期	交货地点

总金额(大写):

二、技术资料、图纸提供办法及保密需求:＿＿＿＿＿＿＿＿＿＿

三、验收标准、方法和期限:＿＿＿＿＿＿＿＿＿＿

四、货款结算时间及方法:＿＿＿＿＿＿＿＿＿＿

五、通过邮寄、托运发货时请标明发货单位、收件人,否则因标示不清而造成的货物丢失或损坏,需方概不负责。

六、本合同自签订之日起,双方签字盖章后生效,任何一方不得擅自修改或终止。如需修改或终止的,应经双方协商同意,另立补充协议。补充协议与本合同具有同等效力。

七、本合同在履行期内任何一方违约,需承担总金额＿＿＿＿＿＿％的违约金。

续

八、合同争议的解决方式：本合同在履行过程中发生的争议，由双方当事人协商解决，协商不成的依法向人民法院起诉。

九、本合同一式两份，双方各执一份。

法定代表人：　　　　　　　　　法定代表人：
委托代理人：　　　　　　　　　委托代理人：
地址：　　　　　　　　　　　　地址：

　　　　　　　　　　　　　　　　　　　年　　月　　日订立

任务2　商品验收入库

掌握采购商品验收及入库的业务办理。

一、货物交接

企业在本地购进商品，一般采用提货制和送货制。提货制由企业自行到车站、码头、机场、邮局或者生产工厂、流通企业等地提取货物并运输入库；送货制由供货商根据企业订货单送货上门。

二、商品验收入库

商品验收入库是指仓库在物品正式入库前，按照一定的程序和手续，对到库物品进行数量和外观质量的检查，以验证它是否符合订货合同规定的一项工作。

验收作业的程序为：

1. 验收准备

（1）人员准备。

（2）资料准备。

（3）器具准备。

（4）货位准备。

（5）设备准备。

2. 核对凭证

（1）业务主管部门或货主提供的入库通知单和订货合同副本，是仓库接收物品的凭证。

（2）供货单位提供的材质证明书、装箱单、磅码单、发货明细表等。

（3）物品承运单位提供的运单。

3. 实物检验

实物检验就是根据入库单和有关技术资料对实物进行数量和质量检验。一般情况下，或者合同没有约定检验事项时，仓库仅对物品的品种、规格、数量、外包装状况，以及无需开箱、拆捆而可以直观可见可辨的外观质量情况进行检验。但是在进行分拣、配装作业的仓库里，通常需要检验物品的品质和状态。

验收入库后，填制"商品入库单"一式数联，分送有关部门入账。

任务实施

【资料】2017年6月28日，广州明升商贸有限公司向东莞联华文具厂采购的物品已送达仓库，由采购部员工李蕾验收，仓库保管员陈兴入库，物品名称：签字笔，数量200盒，购进单价13.4元，零售单价18元；文件夹，数量380个，购进单价8.6元，零售单价14元。

【要求】填写"商品入库单"。

商品入库单

收货部门：仓库　　　　　2017年6月28日　　　　　供货单位：东莞联华文具厂

商品名称	购进价格				零售价格				进销差价
	单位	数量	单价	金额	单位	数量	单价	金额	
签字笔	盒	200	13.4	2,680	盒	200	18	3,600	920
文件夹	个	380	8.6	3,268	个	380	14	5,320	2,052
合计				5,948				8,920	2,972

付货人：黎真　　　　　收货人：陈兴　　　　　验收人：李蕾

任务巩固

【资料】2017年7月29日，广州乐其贸易有限公司向珠海美绢服装厂采购的物品已送达仓库，由采购部员工梁天验收，仓库保管员何申入库，物品名称：纯棉短袜，数量8,400组，购进单价14.8元，零售单价20元；连裤袜，数量6,200组，购进单价22.3元，零售单价28元。

【要求】填写"商品入库单"。

商品入库单

收货部门：　　　　　　　　年　月　日　　　　　　　　供货单位：

商品名称	购进价格				零售价格				进销差价
	单位	数量	单价	金额	单位	数量	单价	金额	
合计									

付货人：　　　　　　　　　　收货人：　　　　　　　　　　验收人：

任务 3　采购款项结算

任务目标

掌握采购材料时预付款支付、货款支付的业务办理。

知识准备

一、本地商品购进货款结算方式

本地商品购进是由商业企业向当地的生产企业或批发企业进货。货款大多采用支票结算和委托收款结算方式。进货时，由业务部门根据供货单位的"专用发票"核对所列商品的品名、规格、数量、单价、金额是否与合同规定相符。经核对无误后，填制一式多联"收货单"。存根联由业务部门留存；收货联由仓库凭以验收商品和登记商品保管账；结算联由财会部门凭以结算货款；记账联经仓库收货加盖"收货"章后转财会部门凭以记账。

二、异地商品购进货款结算方式

异地商品购进是由商业企业向外地生产企业或批发企业进货，货款结算大多采用托收承付、委托收款、商业汇票、银行汇票、汇兑等结算方式。就采用托收承付结算方式而言，其一般业务程序是：商业企业财会部门接到开户银行转来的供货单位托收凭证、专用发票和代垫运费单据时,先送业务部门与合同核对,经核对无误后退还财会部门凭以办理承付货款手续,同时由业务部门填制"收货单",留存一联外,其余交储运部门提货。商品到达后,仓库根据"收货单"及供货单位的发货单(随货同行联)办理商品验收入库手续后,留一联据以登记商品保管账,其余连同专用发票送财会部门编制记账凭证入账。

 任务实施

【资料1】2017年6月15日,广州明升商贸有限公司向东莞联华文具厂购买商品,商品未入库。采购部业务员李蕾申请支付东莞联华文具厂采购订金500元。

【要求】填写"预付款申请单"。

预付款申请单
日期:2017年6月15日

申请部门	采购部	申请人	李蕾
付款类别	■订金(尚未开发票) □分批交货暂支款		
付款金额	人民币(大写)伍佰元整		￥500.00
说 明	向东莞联华文具厂购买商品,支付订金。		

部门审核:李欣　　　　财务部审核:王元　　　　公司审核:刘文

【资料2】2017年6月17日,预付款审批通过后采购部将"预付款申请单"交至财务部,财务部通过电汇向东莞联华文具厂支付订金500元。

【要求】填写"电汇凭证"。

中国工商银行 电汇凭证(回单)

☑普通　□加急　　委托日期:2017年6月17日

汇款人	全称	广州明升商贸有限公司	收款人	全称	东莞联华文具厂	此联汇出行给汇款人的回单
	账号	6222020512002438780		账号	6212020512002456804	
	汇出地点	广东省广州市		汇出地点	广东省东莞市	
	汇出行名称	中国工商银行东风支行		汇入行名称	华夏银行华光支行	

金额	人民币伍佰元整	亿	千	百	十	万	千	百	十	元	角	分
							￥	5	0	0	0	0

票证安全码

附加信息及用途:订金

汇出行签章　　　复核:　　　记账:

【资料3】2017年7月2日，申请向东莞联华文具厂支付余款5,448元。

【要求】填写"付款申请单"。

付款申请单

申请日期：2017年7月2日

收款单位	东莞联华文具厂			
支付金额	佰　拾⊗万　伍仟肆佰肆拾捌元零角零分			¥5,448.00
付款方式	转账支票			
开户银行及账号	华夏银行华光支行　6212020512002456804			
付款事由	支付货款			
用款部门	经办人	部门审核	财务部审核	公司审核
采购部	李蕾	李欣	王元	刘文

【资料4】2017年7月3日，财务部收到审批后的"付款申请单"，开出转账支票，支付货款。

【要求】填写转账支票。

【资料5】2017年7月5日，财务部收到东莞联华文具厂寄来的发票，采购部将"增值税专用发票"与"入库单"核对无误后，连同"预付款申请单"、"付款申请单"、"入库单"办理发票核销手续。

【要求】收到发票，核销发票。

广东省增值税专用发票

No 0987657777

4402012345　　　　　　　　发 票 联　　开票日期　2017年7月4日

购货单位	名　称：广州明升商贸有限公司 纳税人识别号：440103456789000 地址、电话：广州市东风路68号、020-34567111 开户行及账号：工商银行东风支行、 6222020512002438780	密码区	（略）

货物或应税劳务名称	规格型号	单位	数量	单价	金额	税率	税额
签字笔		盒	200	11.45	2290	17%	390
文件夹		个	380	7.35	2793		475
合　计					￥5083		￥865

价税合计（大写）	⊗伍仟玖佰肆拾捌圆整	（小写）￥5948.00

销货单位	名　称：东莞联华文具厂 纳税人识别号：440280189756733 地址、电话：东莞市华光路33号、0769-81069062 开户行及账号：华夏银行华光支行、 6212020512002456804	备注	（东莞联华文具厂 440280189756733 发票专用章）

第一联：发票联　销货方记账凭证

任务巩固

【资料1】2017年3月15日，广州市阳光有限公司向广州南方有限公司购买丙商品，商品未入库。采购部业务员陈锐申请支付采购货款19,360元，采用转账支票支付货款。

收款单位相关资料如下：

收款单位：广州南方有限公司

开户银行：中国农业银行滨江支行

账号：6175820512001238369

【要求】填写"付款申请单"。

付款申请单

申请日期：　　年　月　日

收款单位	
支付金额	佰　拾万　仟　佰　元　角　分　￥
付款方式	
开户银行及账号	
付款事由	
用款部门	经办人	部门审核	财务部审核	公司审核

【资料2】 2017年3月15日，广州市阳光有限公司财务部收到审批后的"付款申请单"。

【要求】 开出转账支票，支付货款。

中国建设银行支票存根（粤）		中国建设银行 支票 （粤）	EC 05666632 02
EC 02 05666632		出票日期（大写） 年 月 日	付款行名称：建设银行大东支行
附加信息_____		收款人：	出票人账号：22233344
_____	本支票付款期限十天	人民币（大写） 亿 千 百 十 万 千 百 十 元 角 分	
出票日期 年 月 日		用途_____	
收款人： 金额： 用途：		上列款项请从我账户内支付 出票人签章	
单位主管 会计			复核 记账

项目六 销售业务

任务1 获取销售订单

 任务目标

1. 了解销售业务流程。
2. 掌握销售订单与销售合同的区别。
3. 学会填写"销售订单"、"销售合同"。

 知识准备

一、销售业务流程

企业销售业务流程,主要包括制定销售价格、销售政策,接受销售订单和订立销售合同、发出商品、货款结算、售后服务等环节。

企业在实际操作中,应当充分结合自身业务特点和管理要求,构建和优化销售业务流程,实现与采购、生产、库存、资金等方面管理的衔接,落实责任制,有效防范和化解经营风险。

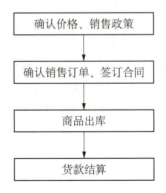

二、销售订单与销售合同

销售订单是指由购销双方确认的客户购货需求的过程,企业根据销售订单组织货源,并对订单的执行进行管理、控制和追踪。销售订单可以是企业销售合同中关于货物的明细内容,也可以是一种订货的口头协议。

销售合同是平等主体的自然人、法人、其他组织之间设立、变更、终止民事权利义务关系的协议。合同销售额就是合同上写明的数额。

签订销售合同是营销员在营销活动中常见的一项法律活动。一份销售合同签订的好坏,不

仅关系到营销员的个人经济利益,同时涉及企业的经济效益。所以,合同的签订一定要慎之又慎。

三、签订销售合同的注意事项

1. 对货物的信息进行明确约定

在销售合同中,作为供方,应注意对供货的基本信息进行准确、详细的约定。
(1) 名称(品名)、型号、品种等表述应完整规范,不要用简称。
(2) 规格应明确相应的技术指标,如成分、含量、纯度、大小、长度、粗细。
(3) 花色,如红、黄、白要表述清楚。
(4) 供货的数量要清楚、准确;计量单位应当规范,一般采用公制计量。

2. 对货物质量标准进行明确约定

作为销售方,企业应根据自身情况及货物特性将质量标准向购货方约定明确。
(1) 如果是参照国家、行业的相关标准,应在合同中明确约定标准的名称。
(2) 如果是参照企业标准,应注意该企业标准应为已依法备案的标准。
(3) 凭样品买卖的,双方应对样品进行封存,并可以对样品的质量予以说明。
(4) 双方对货物质量有特殊要求的,也应在合同中予以明确。

3. 对货款的支付方式进行明确约定

作为供方,应特别注意在销售合同中对需方货款支付时间、金额(应明确是否为含税价)进行明确约定。建议在合同中约定要求需方支付一定金额预付款或定金(不能超过合同总金额的20%),供方才予以发货,或者在合同中约定供方收到需方支付的货款全款后发货。

4. 对质量检验时限进行明确约定

为保障供方的合理利益,一般应在销售合同中对需方进行产品检验的时间作出限制规定,即在限定时间内如需方未提出质量问题,则视为检验合格。同时,在机械设备的销售中,建议约定需方在质量检验(验收)合格之前不得使用产品,否则视为验收合格,供方对此后的质量问题不再承担责任。

5. 对违约责任进行明确约定

(1) 延期付款责任:作为供方,应在合同中明确需方延期付款的违约责任,同时还应根据供货情况对需方货款的支付进程、期限等进行必要的控制,如发生需方货款迟延支付、支付不足等情况,应视情况追究其违约责任,降低风险。
(2) 违约金的数额不应过高亦不宜过低,过高可能会有被仲裁机构或法院变更的风险,过低则不利于约束买受人。

6. 其他注意事项

企业可以根据货物实际情况对产品包装要求、包装物回收、运输方式及费用承担、装卸货责任、商业秘密保守、诉讼管辖地等约定清楚,以降低合同履行风险,并尽可能保障作为销售方的合法、合理利益。

任务实施

【资料】2017年6月5日,广州明升商贸有限公司计划向中山美联商场销售一批商品,销售物品名称:文具套装,数量500件,含税单价25.74元;书包,数量220个,含税单价76.05

元。合同交货日期：2017年6月15日，另收取运杂费、包装费702元。

【要求】填写"销售订单"、"产品销售合同"。

销售订单

日期：2017年6月5日

客户名称	中山美联商场	合同编号	GX20170605
客户编号	013	客户联系人	张兴
接单日期	2017年6月5日	交货日期	2017年6月15日
付款方式	支票	结算方式	预收货款

编号	品名	规格	单位	订单数量	单价(元)	金额(元)
026	文具套装	五件套	件	500	25.74	12,870
033	书包	L300/W150/H420	个	220	76.05	16,731

备注：

财务部审核：同意

签名：王元

销售部审核：同意

签名：张兰

公司审核：同意

签名：刘文

产品销售合同

甲方：广州明升商贸有限公司

乙方：中山美联商场

甲乙双方经充分协商，本着自愿及平等互利的原则，就甲方向乙方销售自行生产的产品相关事宜订立本合同，以共同遵照执行。

第一条 产品及其价格、数量

产品名称及规格	数量(件、个)	单价(元)	合计(元)
文具套装(五件套)	500	25.74	12,870
书包(L300/W150/H420)	220	76.05	16,731

续

第二条　交货方式
1. 交货时间：2017 年 6 月 15 日。
2. 交货地点：中山美联商场。
3. 运输方式：甲方负责运输，公路运输(注明由谁负责代办运输、运输方法等)。
4. 运输费用的承担：乙方。
5. 保险：甲方投保运输险(按情况约定由谁负责投保并具体规定投保金额和投保险种)。

第三条　验收
乙方收到产品应立即核对规格、数量、外包装等情况，如与本合同约定不符，乙方应妥善保管货物并在收货后二天内告知甲方以便及时协商解决。

第四条　货款支付
1. 总价：30,303 元人民币(大写：叁仟叁佰零叁元整)。其中，运杂费、包装费或其他费用计 702 元人民币。
2. 货款的支付时间：2017 年 7 月 5 日。
3. 货款的支付方式：支票。
4. 运杂费、包装费或其他费用的支付时间及方式：2017 年 7 月 5 日，支票。
5. 预付货款：2017 年 6 月 10 日预付货款的 10%。

第五条　甲方的违约责任
甲方不能交货的，应向乙方偿付不能交货部分货款的 20%作为违约金。

第六条　乙方的违约责任
乙方中途退货的，应向甲方赔偿退货部分货款的 10%作为违约金。

第七条　不可抗力
任何一方由于不可抗力原因不能履行合同时，应在不可抗力事件结束后当天向对方通报，以减轻可能给对方造成的损失，在取得有关机构的不可抗力证明后，允许延期履行、部分履行或者不履行合同，并根据情况可部分或全部免予承担违约责任。

第八条　争议解决
凡因本合同引起的或与本合同有关的任何争议，如双方不能通过友好协商解决的，可通过诉讼解决。诉讼发生的律师费、交通住宿费由违约方承担。

第九条　其他事项
1. 合同如有未尽事宜，须经双方共同协商，作出补充规定，补充规定与本合同具有同等效力。
2. 本合同一式 2 份，双方各执 1 份。

甲方(印章)：广州明升商贸有限公司　　乙方(印章)：中山美联商场
法定代表人(负责人)签字：刘文　　　　法定代表人(负责人)签字：梁凤
签订时间：2017 年 6 月 8 日　　　　　签订时间：2017 年 6 月 8 日

【资料】2017 年 7 月 2 日，广州乐其贸易有限公司计划向深圳罗伊商场销售一批商品，销

售物品名称：女士短袜，数量 240 件，含税单价 7.02 元；男士短袜，数量 320 件，含税单价 8.19 元；女士连裤袜，数量 350 件，含税单价 17.55 元。合同交货日期：2017 年 7 月 31 日。付款方式：支票。结算方式：预收货款。

合同约定 2017 年 7 月 10 日支付全部货款的 20%作为订金，余款的支付时间为 2017 年 8 月 15 日，另收取运杂费、包装费 351 元（采购方承担运费，销售方负责提供运输服务）。

【要求】填写"销售订单"、"产品销售合同"。

销 售 订 单

日期： 年 月 日

客户名称		合同编号	
客户编号		客户联系人	
接单日期		交货日期	
付款方式	现金/转账 支票/其他	结算方式	现金现款/预收货款 货到付款/其他

编号	品名	规格	单位	订单数量	单价(元)	金额(元)

备注：

财务部审核：

签名：

销售部审核：

签名：

公司审核：

签名：

产品销售合同

甲方：
乙方：
　　甲乙双方经充分协商，本着自愿及平等互利的原则，就甲方向乙方销售自行生产的产品相关事宜订立本合同，以共同遵照执行。

续

第一条　产品及其价格、数量

产品名称及规格	数量(件)	单价(元)	合计(元)

第二条　交货方式
1. 交货时间：_____。
2. 交货地点：_____。
3. 运输方式：_____（注明由谁负责代办运输、运输方法等）。
4. 运输费用的承担：_____。
5. 保险：_____（按情况约定由谁负责投保并具体规定投保金额和投保险种）。

第三条　验收
乙方收到产品应立即核对规格、数量、外包装等情况，如与本合同约定不符，乙方应妥善保管货物并在收货后二天内告知甲方以便及时协商解决。

第四条　货款支付
1. 总价：_____元人民币(大写：_____)。其中，运杂费、包装费或其他费用计_____元人民币。
2. 货款的支付时间：_____。
3. 货款的支付方式：_____。
4. 运杂费、包装费或其他费用的支付时间及方式：_____。
5. 预付货款：_____。

第五条　甲方的违约责任
甲方不能交货的，应向乙方偿付不能交货部分货款的_____%作为违约金。

第六条　乙方的违约责任
乙方中途退货的，应向甲方赔偿退货部分货款的_____%作为违约金。

第七条　不可抗力
任何一方由于不可抗力原因不能履行合同时，应在不可抗力事件结束后当天向对方通报，以减轻可能给对方造成的损失，在取得有关机构的不可抗力证明后，允许延期履行、部分履行或者不履行合同，并根据情况可部分或全部免予承担违约责任。

第八条　争议解决
凡因本合同引起的或与本合同有关的任何争议，如双方不能通过友好协商解决，可通过诉讼解决。诉讼发生的律师费、交通住宿费由违约方承担。

第九条　其他事项
1. 合同如有未尽事宜，须经双方共同协商，作出补充规定，补充规定与本合同具有同等效力。

续

2. 本合同一式_____份,双方各执_____份。
甲方(印章):　　　　　　　　　　　乙方(印章):
法定代表人(负责人)签字:_____　　法定代表人(负责人)签字:_____
签订时间:　　　　　　　　　　　　签订时间:

任务2　发　出　商　品

1. 掌握本地和异地销售商品的交接方式。
2. 学会填写"商品出库单"。

一、本地销售商品的交接方式

本地销售商品的交接方式一般采用"提货制"或"送货制",货款结算大多采用支票、委托收款结算方式。采用"提货制"交接货方式,一般由购货单位派采购员到供货单位去选购商品,由供货单位的业务部门填制统一规定的"专用发票",如联次不够,可增开补充联或另开发货单作附件。除留下存根联备查外,其余各联交购货单位采购员办理结算货款和提货手续。供货单位财会部门在收到货款后,在"发票联"上加盖收款戳记,留下"记账联",其余联次退还给购货单位采购员到指定的仓库提货。采用"送货制"交接货方式,一般由供货单位业务部门根据购销合同或订货单,填制"专用发票",留下存根联备查,其余各联交储运部门向仓库提货送往购货单位,将"发票联"、"税款抵扣联"交购货单位凭以验收商品、结算货款。一般情况是货到后收取货款,也有先办理货款结算后送货的。不论是哪一种方式,供货单位必须收到购货单位货款或收货证明后才能作销售入账。送货费用一般由供货单位负担。

二、异地销售商品的交接方式

异地销售商品的交接一般采用"发货制"交接货方式。其业务程序一般由供货单位的业务部门填制"专用发票",留下存根联备查,其余各联交储运部门向仓库提货,并办理商品发运手续。商品发运时,储运部门将发票联和税款抵扣联连同商品发运证明、垫付运杂费清单,一并送交财会部门。财会部门审核无误后留下记账联,其余凭证据以向开户银行办理托收货款手续。财会部门根据托收凭证回单联和记账联进行账务处理。

任务实施

【资料】2017年6月15日,广州明升商贸有限公司向中山美联商场发货,销售物品名称:文具套装,数量500件,含税单价25.74元;书包,数量220个,含税单价76.05元。合同交货日期:2017年6月15日,另收取运杂费、包装费702元。

【要求】填写"商品出库单"。

商品出库单

编号:012　　　　　　　　　2017年6月15日

品名	规格	单位	数量	单价(元)	金额(元)
文具套装	五件套	件	500	25.74	12,870
书包	L300/W150/H420	个	220	76.05	16,731
合计					¥29,601

提货人:刘成中　　　　　　　　　　　　　　　　仓管员:李现

任务巩固

2017年7月31日,广州乐其贸易有限公司计划向深圳罗伊商场发货,销售物品名称:女士短袜,数量240件,含税单价7.02元;男士短袜,数量320件,含税单价8.19元;女士连裤袜,数量350件,含税单价17.55元。

【要求】填写"商品出库单"。

商品出库单

编号:　　　　　　　　　年　　月　　日

品名	规格	单位	数量	单价(元)	金额(元)
合计					

提货人:　　　　　　　　　　　　　　　　　　仓管员:

任务 3　销售款项结算

1. 掌握商品销售的收款方式。
2. 学会填写"销售小票"、"增值税专用发票"、"销货汇总表"、"内部交款单"、"现金送款单"。

一、商品销售的收款方式

零售企业商品销售的收款方式主要包括直接收款和集中收款两种。

1. 直接收款

采用这种销售方式，消费者可在同一地点选购商品、付款和取货，手续简便，交易时间短，服务效率高。但由于营业员既发货又收款，容易发生差错。直接收款一般适用于品种简单、价格划一、成包成件的商品销售，如大量的日用商品销售。

2. 集中收款

采用这种销售方式，营业员负责发货，收银员负责收款，钱货分开，责任明确，不易发生差错。但由于开票、交款、取货分处两地，顾客往返比较麻烦，且影响商品销售速度。

对各商业企业来说，不论采用什么销售方式，都必须加强销货款的管理。企业每日销货收入数，必须当天送交财会部门或直接送存银行，销售额大、收入款多的企业，可分次送存银行。每日营业终了，由实物负责人或收银员根据本人销货款收入，填制"内部交款单"和"商品进销有关凭证"，一并交财会部门作为记账依据。

二、货款送存要求

货款送存财务部门时填制"内部交款单"；货款送存银行时填制"现金送款单"。

一、销售小票

销售小票俗称飞子，是营业员销售时填制的最原始的票据，是收款付货的凭证，也是核算的基础。

1. 销售小票的业务流程

营业员按顾客购买商品的具体内容开具小票，由顾客拿着小票到收银处交款，收银员审核票据无误后收款并在小票上加盖"现金收讫"章。复写小票的一式三联：顾客凭第一联到柜台取货，第二联由顾客留存，第三联由收银台留存。顾客作为媒介起着传递销售小票的作用。

每日营业结束后，柜台留存小票与收银台留存小票核对无误后填销货汇总表交会计审核。

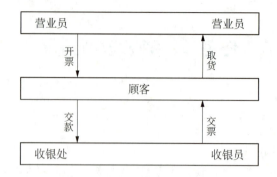

2. 销售小票的填制方法

(1) 使用小票前,要在本部门的小票上做上记号或折边,大多数零售商店柜组用数字做上记号,表示某组;

(2) 填写业务发生的时间,年、月、日要写全;

(3) 逐项填写品名、数量、单价、总金额,注意填写正确,特别要注意大写金额和小写金额的核对;

(4) 开票处要有记号,贵重商品要有名章。

需要注意的是,销售小票经收款处签章后,营业员方能付货。

留存联在每日营业结束后,要放在指定的地方妥善保管,待到月末装订成册,经盘点、对账无误后,再行销毁。

顾客可凭销售小票到指定柜台开具销售专用发票。

【资料】2017年6月11日,广州晨兴商场玩具柜销售了1辆玩具遥控车,单价210.6元,营业员开具了一张销售小票。

【要求】填写"销售小票"。

销 售 小 票

部门:玩具柜　　　　2017年6月11日　　　　金额单位:元

品名	规格	单位	单价	数量	金额
玩具遥控车		辆	210.6	1	210.6
金额合计 (大写)	人民币贰佰壹拾元陆角整		金额合计 (小写)	¥210.6	

收款员:王乐　　　　　　付货:肖燕　　　　　　　开票:肖燕

二、发票

发票是指一切单位和个人在购销商品、提供或接受服务以及从事其他经营活动中,所开具和收取的业务凭证,是会计核算的原始依据,也是审计机关、税务机关执法检查的重要依据。

1. 增值税专用发票

增值税专用发票是国家税务部门根据增值税征收管理需要而设定的,专用于纳税人销售或者提供增值税应税项目的一种发票。

专用发票既具有普通发票所具有的内涵,同时还具有比普通发票更特殊的作用。它不仅是记载商品销售额和增值税税额的财务收支凭证,而且是兼记销货方纳税义务和购货方进项税额的合法证明,是购货方据以抵扣税款的法定凭证,对增值税的计算起着关键性作用。

增值税专用发票的基本联次为一式三联:第一联是记账联(销货方用来记账);第二联是抵扣联(购货方用来扣税);第三联是发票联(购货方用来记账)。

2. 普通发票

普通发票主要由增值税小规模纳税人使用,增值税一般纳税人在不能开具专用发票的情况下也可使用普通发票。

普通发票的基本联次为三联:第一联为存根联,开票方留存备查;第二联为发票联,收执方作为付款或收款原始凭证;第三联为记账联,开票方作为记账原始凭证。个人发票一般泛指普通发票。

【资料】2017年6月22日,广州学友文具有限公司销售给深圳文一商场一批商品:钢笔,数量100盒,不含税单价26元;名片夹,数量200个,不含税单价18元。

有关资料如下:

购货方:深圳文一商场　　　　　　税号:440393356701897

地址:深圳华强路191号　　　　　电话:38967773

开户行:招商银行华强支行　　　　账号:16579900

销货方:广州学友文具有限公司　　税号:440104876789888

地址:广州市天河区光明路88号　　电话:87853266

开户行:建设银行天河支行　　　　账号:6207589433

【要求】请为客户开具"增值税专用发票"。

广东省增值税专用发票

N00003487

发　票　联　　　　开票日期:2017年6月22日

购货单位	名　　　称:深圳文一商场 纳税人识别号:440393356701897 地址、电话:深圳华强路191号,38967773 开户行及账号:招商银行华强支行,16579900	密码					
货物或应税劳务名称	规格型号	单位	数量	单价	金额	税率	税额
钢笔		盒	100	26.00	2600.00	17%	442.00
名片夹		个	200	18.00	3600.00	17%	612.00
合　计					6200.00		1054.00
价税合计(大写)	⊗柒仟贰佰伍拾肆圆整				(小写)¥7254.00		
销货单位	名　　　称:广州学友文具有限公司 纳税人识别号:440104876789888 地址、电话:广州市天河区光明路88号,87853266 开户行及账号:建设银行天河支行,6207589433	备注					

收款人:　　　　复核:　　　　开票人:　　　　销货单位:(章)

三、销货汇总表

营业员在每日营业终了后,将相同价格的销售小票整理好(一般从低价格到高价格排列),统计数量和金额,然后填写销货汇总表。

【资料】2017年6月16日,广州晨兴商场玩具柜出售了如下商品:四驱车3辆,单价86元;玩具枪6个,单价42元;洋娃娃9个,单价38元。

【要求】填写"销货汇总表"。

销货汇总表

组别:玩具柜　　　　　　　2017年6月11日　　　　　　　金额单位:元

货号	品名	单位	单价	数量	金额	备注
C001	四驱车	辆	86.00	3	258.00	
G045	玩具枪	个	42.00	6	252.00	
D012	洋娃娃	个	38.00	9	342.00	
合计					¥852.00	

四、内部交款单和现金送款单

零售企业销售货款均应在当天解缴,交款方式有集中交款和分散交款两种。

集中交款由收银员填写"内部交款单",连同销货款一起交给出纳,由出纳送交财务部门,财务部门填写"现金送款单",将销货款送存银行。

分散交款由各营业柜组或门市部安排专人负责,分别填写"现金送款单",将销货款直接送存银行。

【资料】2017年6月18日,广州晨兴商场出纳收到服装柜、家电柜、百货柜、玩具柜等柜台交来的当天销货款共计86,318.80元。其中服装柜交款12,164.70元,交款种类:100元面额现金70张,50元面额现金48张,20元面额现金66张,10元面额现金120张,5元面额现金36张,1元面额现金44张,5角面额现金36张,1角面额现金27张。

【要求】填写服装柜的"内部交款单"、"现金送款单"。

内部交款单

交款部门：服装柜　　　　　　2017 年 6 月 18 日

货款种类	张数	金额	货款种类	张数	金额
现金			银行卡签购单		
面额 100 元	70	7,000.00	转账支票		
面额 50 元	48	2,400.00	银行本票		
面额 20 元	66	1,320.00	银行汇票		
面额 10 元	120	1,200.00			
面额 5 元	36	180.00			
面额 1 元	44	44.00			
面额 5 角	36	18.00			
面额 1 角	27	2.70			
交款金额人民币总额（大写）壹万贰仟壹佰陆拾肆元柒角整					
其中：现金总额（大写）壹万贰仟壹佰陆拾肆元柒角整					

现金送款单

2017 年 6 月 18 日　　　　　　第 43 号

收款单位	全称	广州晨兴商场服装柜							款项来源	销售货物款项						
	开户银行	中国建设银行昌岗支行														
合计金额	人民币（大写）	壹万贰仟壹佰陆拾肆元柒角整							十万	万	千	百	十	元	角	分
									¥	1	2	1	6	4	7	0
券别	百元	五十元	二十元	十元	五元	一元	五角	一角	（银行盖章）						
成把（百张）金额				1											
成叠（十张）金额	7	4	6	2	3	4	3	2							
尾数（散张）金额			8	6		6	4	6	7						

【**资料 1**】2017 年 5 月 11 日，广州晨兴商场百货柜销售了 1 个电热水壶，单价 230 元，营业员开具了一张销售小票。

【要求】填写"销售小票"。

<table>
<tr><td colspan="6">销售小票</td></tr>
<tr><td colspan="2">部门：</td><td colspan="2">年　月　日</td><td colspan="2">金额单位：　元</td></tr>
<tr><td>品名</td><td>规格</td><td>单位</td><td>单价</td><td>数量</td><td>金额</td></tr>
<tr><td></td><td></td><td></td><td></td><td></td><td></td></tr>
<tr><td></td><td></td><td></td><td></td><td></td><td></td></tr>
<tr><td></td><td></td><td></td><td></td><td></td><td></td></tr>
<tr><td colspan="2">金额合计（大写）</td><td colspan="2"></td><td>金额合计（小写）</td><td></td></tr>
<tr><td colspan="2">收款员：</td><td colspan="2">付货：</td><td colspan="2">开票：</td></tr>
</table>

【资料2】2017年6月11日，广州乐其贸易有限公司销售给上海诺兰商场一批商品：女士短袜，数量100件，不含税单价6元；男士短袜，数量220件，不含税单价7元。

有关资料如下：

购货方：上海诺兰商场　　　　税号：440393356701834

地址：上海市光复路156号　　电话：38967734

开户行：浦发银行光复支行　　账号：216579906

销货方：广州乐其贸易有限公司　税号：440104876789841

地址：广州市黄石路35号　　　电话：87853280

开户行：建设银行黄石支行　　账号：62057589456

【要求】请为客户开具"增值税专用发票"。

<table>
<tr><td colspan="9">广东省增值税专用发票　　　　　　　N00003488</td></tr>
<tr><td colspan="6">发　票　联</td><td colspan="3">开票日期：　年　月　日</td></tr>
<tr><td rowspan="4">购货单位</td><td colspan="2">名　　　称：</td><td colspan="3"></td><td rowspan="4">密
码</td><td colspan="2"></td></tr>
<tr><td colspan="2">纳税人识别号：</td><td colspan="3"></td><td colspan="2"></td></tr>
<tr><td colspan="2">地址、电话：</td><td colspan="3"></td><td colspan="2"></td></tr>
<tr><td colspan="2">开户行及账号：</td><td colspan="3"></td><td colspan="2"></td></tr>
<tr><td colspan="2">货物或应税劳务名称</td><td>规格型号</td><td>单位</td><td>数量</td><td>单价</td><td>金额</td><td>税率</td><td>税额</td></tr>
<tr><td colspan="2"></td><td></td><td></td><td></td><td></td><td></td><td></td><td></td></tr>
<tr><td colspan="2">合　计</td><td></td><td></td><td></td><td></td><td></td><td></td><td></td></tr>
<tr><td colspan="2">价税合计（大写）</td><td colspan="5"></td><td colspan="2">（小写）</td></tr>
<tr><td rowspan="4">销货单位</td><td colspan="2">名　　　称：</td><td colspan="3"></td><td rowspan="4">备注</td><td colspan="2"></td></tr>
<tr><td colspan="2">纳税人识别号：</td><td colspan="3"></td><td colspan="2"></td></tr>
<tr><td colspan="2">地址、电话：</td><td colspan="3"></td><td colspan="2"></td></tr>
<tr><td colspan="2">开户行及账号：</td><td colspan="3"></td><td colspan="2"></td></tr>
<tr><td colspan="2">收款人：</td><td colspan="2">复核：</td><td colspan="2">开票人：</td><td colspan="3">销货单位：（章）</td></tr>
</table>

【资料3】 2017年6月11日,广州晨兴商场百货柜出售了如下商品:电饭锅12个,单价330元;吸尘器4个,单价560元;餐具9套,单价120元;电压力锅4个,单价560元。

【要求】 填写"销货汇总表"。

销货汇总表

组别:　　　　　　　　　　　年　月　日　　　　　　　　　　金额单位:元

货号	品名	单位	单价	数量	金额	备注
合计						

【资料4】 2017年6月26日,广州晨兴商场出纳收到家电柜交来的当天销货款共计13,054.9元,交款种类:100元面额现金83张,50元面额现金66张,20元面额现金24张,10元面额现金81张,5元面额现金22张,1元面额现金35张,5角面额现金36张,1角面额现金19张。

【要求】 填写家电柜的"内部交款单"、"现金送款单"。

内部交款单

交款部门:　　　　　　　　　　　年　月　日

货款种类	张数	金额	货款种类	张数	金额
现金			银行卡签购单		
面额100元			转账支票		
面额50元			银行本票		
面额20元			银行汇票		
面额10元					
面额5元					
面额1元					
面额5角					
面额1角					
交款金额人民币总额(大写)					
其中:现金总额(大写)					

现金送款单

年　　月　　日　　　　第　　号

收款单位	全称								款项来源								
	开户银行																
合计金额									十	万	千	百	十	元	角	分	
券别	百元	五十元	二十元	十元	五元	一元	五角	一角	（银行盖章）								
成把（百张）金额																	
成叠（十张）金额																	
尾数（散张）金额																	

项目七　储存业务

任务1　商品保管

1. 了解商品储存管理的工作内容。
2. 学会填写"商品调拨单"、"商品进销存日报表"。

商品储存是指商品在生产、流通领域中的暂时停泊和存放过程,以保证商品流通和再生产过程的顺利进行。商品储存通过自身的不断循环,充分发挥协调商品产销矛盾的功能,成为促进商品流通乃至整个社会再生产的不可缺少的重要条件。

为了保证商品的质量,防止商品损耗,在储存管理中应做好以下工作:

1. 入库验收

商品入库验收,主要包括数量验收、包装验收和商品质量验收三个方面。入库验收要从以下三个方面着手:一是验收人员必须严格认真、一丝不苟,以保证入库商品数量准确,质量完好,包装符合要求。入库验收时,先查大数,后看包装,见异拆验。二是应核对单货(商品的品名、编号、货号、规格、数量等方面)是否一致,逐项细心核对,保证单货相符。三是认真检查商品的包装有无玷污、受潮、残破,内装商品质量是否完好,有无霉变、腐蚀、虫蛀、鼠咬和其他物理、化学变化发生,以便及时采取相应措施,确保在库商品质量安全。

2. 适当安排储存场所

各种商品由于性质不同,对储存场所的要求也不同。应根据储存商品的特性来选择合适的商品储存场所,以确保在库商品安全。商品储存场所主要包括:货场、货棚和库房。如怕热和易挥发的商品应选择比较阴凉和通风良好的仓库;怕冻的商品应选择保温性较好的仓库,并备有保温设施;怕潮易霉或易生锈的商品应存放在地势较高、比较干燥通风的库房;鲜活易腐商品,应存放在低温库内;各种危险品应专库存放,符合防毒、防爆、防燃、防腐蚀的要求。同时要做到分区分类储存,科学存放,即品种分开、干湿分开、新陈分开、好次分开,尤其是对性质相抵和消防方法不同的商品,不可同库混放,以免互相影响,发生事故。

3. 妥善进行商品堆码

商品堆码是指商品的堆放形式和方法。商品的合理堆码也是储存中一项重要的技术工作。堆码应符合安全、方便、多储的原则。堆码形式要根据商品的种类、性能、数量和包装情况以及库房高度、储存季节等条件来决定。商品堆码存放,要进行分区分类、货位编号、空底堆码、分层标量、零整分存,便于盘点和出入库。

4. 商品的在库检查

商品在储存期间，质量会不断发生变化，特别是在不利的环境因素的作用下，劣变的速度会加快，如不能及时发现和处理，会造成严重损失。因此，对于库存商品要进行定期和不定期、定点和不定点、重点和一般相结合的质量检查，并根据检查结果随时调节储存条件，减慢商品的劣变速度。检查方法以感观检查为主，充分利用检测设备，必要时要进行理化检验。对检查中发现的问题应立即分析原因，采取相应的补救措施以保证商品的安全。如果发现商品质量有严重变化，需及时报请主管部门，按有关规定妥善处理。同时，还要实施环境安全检查，对库房的消防设备状态、仪表设备运行情况以及卫生状况是否符合要求进行认真检查，并做好防虫、防火、防霉等工作。

5. 商品出库

商品出库是仓储业务的最后阶段，要求做到：

（1）必须有业务部门开具齐备的提货单，并认真验证核查，手续齐备后商品才能出库。

（2）对交付的商品，要认真对单核对，品种、规格、数量要准确，质量要完好，复核要仔细，不错、不漏、单货同行。

（3）商品的包装完整、标志准确且清晰，符合运输要求。

（4）对预约提货的商品，应及早备货。

为了维护企业的经济利益，商品出库应该符合先进先出、接近失效期先出、易坏先出的"三先出"原则，及时发货，但对变质失效的商品不准其出库。

一、商品调拨

商品调拨是商品流通企业在公司内部多个仓库或多个门店相互之间进行商品转移，是为了调剂商品余缺而进行的调入调出。调拨单上应注明型号、规格、数量及调入调出仓库或门店，并需经双方负责人签字确认。

【资料】2017年6月21日，广州晨兴商场百货柜将50副太阳眼镜调拨给服装柜，每副太阳眼镜的进价是130元，零售价是187元，两个营业柜组之间已办妥调出、调入手续。

【要求】百货柜填写"商品调拨单"。

商品调拨单

调入部门：服装柜　　　　　　2017年6月21日　　　　　　调出部门：百货柜

品名	规格	计量单位	数量	购进价格		零售价格		进销差价
				单价	金额	单价	金额	金额
太阳眼镜		副	50	130	6,500	187	9,350	2,850
合计					¥6,500		¥9,350	¥2,850

二、商品进销存日报表

商品进销存日报表是营业柜组或门市部每日营业终了必须填报的一张综合性表格,它详细地反映了营业柜组本日的商品进销存情况。

商品进销存日报表的编制如下图所示:

$$左边栏目项目\begin{cases}昨日结存\\购进\\调入\\加工成品收回\\调价增值\\溢余\end{cases} \qquad 右边栏目项目\begin{cases}销售\\调出\\发出委托加工\\调价减值\\削价\\短缺\\本日结存\end{cases}$$

商品进销存日报表是营业柜组或门市部每日营业结束后,根据"零售商品收货单"、"企业内部商品调拨单"、"零售商品调价报告单"、"商品溢余损耗报告单"等原始凭证汇总而填制的。

（1）"昨日结存"项目

应根据昨日"进销存日报表"中"本日结存"项目的金额填列。

（2）各收入、付出项目

应分别根据"零售销货日报表"、"批发销货日报表"、"商品溢余损耗报告单"等原始凭证提供的数据,分析汇总填列。

（3）"本日结存"项目

应按下列公式计算填列:

本日结存 = 昨日结存 + 本日各收入项目增加金额之和 − 本日各付出项目减少金额之和

（4）表内左右两部分合计关系

左部合计 = 右部合计

左部合计 = 各收入项目增加之和 + 昨日结存

右部合计 = 各付出项目减少金额之和 + 本日结存

此表一式数联,营业柜组或门市部自留一联,另一联连同有关的原始凭证送交财会部门。财会部门复核无误后,据以入账。

【资料】2017 年 6 月 24 日,广州晨兴商场百货柜结存金额为 70,000 元,6 月 25 日进货金额为 24,000 元,调入商品金额为 500 元,本日销售金额为 42,700 元,盘点亏损金额为 38 元。

【要求】百货柜填写"商品进销存日报表"。

商品进销存日报表

部门：百货柜　　　　2017 年 6 月 25 日

项目		金额	项目		金额
	昨日结存	70,000.00	今日付出	本日销售	42,700.00
今日收入	本日进货	24,000.00		批发零售	

续 表

项目		金额	项目		金额
今日收入	调价增值		今日付出	残品减值	
	盘点溢余			调价减值	
	商品升溢			盘点亏损	38.00
	调入	500.00		调出	
				短缺	
				削价	
				商品损耗	
				本日结存	51,762.00
	合计	94,500.00		合计	94,500.00
本月销售计划			销售完成累计		

任务巩固

【资料1】2017年7月5日，广州晨兴商场百货柜将80个卡通抱枕调拨给玩具柜，每个抱枕的进价是38元，含税零售价是55元，两个营业柜组之间已办妥调出、调入手续。

【要求】百货柜填写"商品调拨单"。

商品调拨单

调入部门：玩具柜　　　　　　　　　年　月　日　　　　　　　　调出部门：百货柜

品名	规格	计量单位	数量	购进价格		零售价格		进销差价
				单价	金额	单价	金额	金额
合计								

【资料2】2017年7月29日，广州晨兴商场服装柜结存金额为137,390元，7月30日进货金额为6,840元，调入商品金额为270元，本日销售金额为8,922元，调出商品金额为580元。

【要求】百货柜填写"商品进销存日报表"。

商品进销存日报表

部门：　　　　　　　　　　　年　月　日

项目		金额	项目		金额
昨日结存			本日销售		
今日收入	本日进货		今日付出	批发零售	
	调价增值			残品减值	
	盘点溢余			调价减值	
	商品升溢			盘点亏损	
	调入			调出	
				短缺	
				削价	
				商品损耗	
				本日结存	
	合计			合计	
本月销售计划			销售完成累计		

任务 2　商 品 调 价

 任务目标

1. 掌握商品调价的方法。
2. 学会填写"商品调价单"。

 知识准备

商品调价是指商品流通企业根据国家物价政策或市场情况，对某些正常商品的价格进行适当地调高或调低。

当某种商品的售价发生变动时，财会部门必须按新的售价调整实物负责小组库存商品明细账的余额，以正确反映实物负责人经管商品的售价总金额，保证库存商品账实相符。为了查明调高或调低的实际金额，要通过盘点来掌握调价商品的实存数量。零售企业接到调价通知时，应在规定调价前一天营业结束后，由有关人员会同实物负责小组对调价商品进行实地盘点，查明调价商品的实存数量，并填制"商品调价单"，此调整单一式数联，其中一联送交财会部门。财会部门复核"商品调价单"无误后,将调价差额全部体现在商品经营损益内。由于商品进价无变动,只需同时调整"库存商品"科目和"商品进销差价"科目。

在实行售价金额核算法的情况下,商品调价后,必须及时更换售价标签,并按新售价销售商品。

任务实施

【资料】2017 年 6 月 26 日,广州晨兴商场百货柜对商品进行调价,洗衣液(1L)原含税售价为每瓶 41.9 元,调价后每瓶含税价为 39.5 元,盘点结果实存数 300 瓶。

【要求】百货柜填写"商品调价单"。

商品调价单

填报部门:百货柜　　　　2017 年 6 月 26 日　　　　调价通知:调字第 1 号

品名	规格	计量单位	盘存数量	零售价格		调整单价差额		调高金额	调低金额
				新价	原价	增加	减少		
洗衣液	1L	瓶	300	39.50	41.90		2.40		720.00
合计							¥2.40		¥720.00

任务巩固

【资料】2017 年 7 月 1 日,广州晨兴商场百货柜对商品进行调价,电饭煲(3L)原含税售价为每个 359 元,调价后每个含税价为 348 元,盘点结果实存数 120 个。

【要求】百货柜填写"商品调价单"。

商品调价单

填报部门:　　　　　　　　　年　月　日　　　　　　调价通知:调字第 1 号

品名	规格	计量单位	盘存数量	零售价格		调整单价差额		调高金额	调低金额
				新价	原价	增加	减少		
合计									

任务 3　商　品　盘　点

1. 掌握商品盘点的概念。
2. 学会填写"商品盘点表"。

商品盘点是指定期或不定期地对店内的商品进行全部或部分清点,以切实掌握该期间内商品的实际库存及损耗。每月至少进行一次全面盘点,在发生部门实物负责人调动、企业内部柜组调整、商品调价等情况时,可根据具体要求,进行不定期的全面盘点或局部盘点,以便加强对库存商品的管理。

盘点流程分为三部分:盘点前的准备、盘点过程和填制盘点表。

【资料】2017 年 6 月 30 日,广州晨兴商场服装柜进行月末盘点,情况如下:T 恤账面数 840 件,实盘数 838 件,单价 79 元;牛仔裤账面数 350 件,实盘数 350 件,单价 158 元;连衣裙账面数 638 件,实盘数 638 件,单价 360 元。经查明,商品盘亏原因为售货丢失。

【要求】填写"商品盘点表"、"商品损溢报告单"。

商品盘点表

部门:服装柜　　　　　　　　　　　　　　　　　　　　2017 年 6 月 30 日

品名	规格	单位	单价	实存数量		账存数量		相差金额	
				数量	金额	数量	金额	盘盈	盘亏
T恤		件	79.00	838	66,202.00	840	66,360.00		158.00
牛仔裤		件	158.00	350	55,300.00	350	55,300.00		
连衣裙		件	360.00	638	229,680.00	638	229,680.00		
合计					¥351,182.00		¥351,340.00		¥158.00

商品损溢报告单

部门：服装柜　　　　　　　　　　　　　　　　　　2017年6月30日

品名	单位	账面数	实际数	溢余或损耗数	单价	相差金额	
						溢余金额	损耗金额
T恤	件	840	838	2	79.00		158.00
损溢原因及查处经过	售货丢失							
审批单位	管理部	单位意见	同意报废	班组意见	同意		

任务巩固

【资料】2017年7月31日，广州晨兴商场玩具柜进行月末盘点，情况如下：玩具枪账面数268件，实盘数268件，单价56元；毛绒玩偶账面数177件，实盘数179件，单价49元；玩具车账面数143件，实盘数143件，单价125元。商品盘盈原因为计量收发差错。

【要求】填写"商品盘点表"、"商品损溢报告单"。

商品盘点表

部门：　　　　　　　　　　　　　　　　　　　　　年　　月　　日

品名	规格	单位	单价	实存数量		账存数量		相差金额	
				数量	金额	数量	金额	盘盈	盘亏
合计									

商品损溢报告单

部门：　　　　　　　　　　　　　　　　　　　年　月　日

品名	单位	账面数	实际数	溢余或损耗数	单价	相差金额	
						溢余金额	损耗金额
损溢原因及查处经过							
审批单位		单位意见			班组意见		

项目八　投资与理财

任务1　股票投资理财

1. 掌握股票的含义与分类。
2. 掌握股票交易的操作程序知识。
3. 掌握股票模拟交易操作方法。

一、股票的含义

股票是股份有限公司发行的，用以证明投资者的股东身份和权益，并据以承担投资风险和取得股息红利的有价证券。股票的持有者是股份有限公司的股东，代表股东对公司财产具有所有权关系。

二、股票的分类

1. 按投资主体的性质分类

（1）国家股

国家股是指有权代表国家投资的部门或机构以国有资产向公司投资形成的股份，包括公司现有国有资产投资形成的股份。

（2）法人股

法人股是指企业法人或具有法人资格的事业单位和社会团体以其依法可支配的资产投入公司形成的股份。

（3）社会公众股

我国《证券法》规定，社会募集公司申请股票上市的条件之一是，向社会公开发行的股份达到公司股份总数的25%以上。公司股本总额超过人民币4亿元的，向社会公开发行股份的比例为10%以上。

国家股、法人股和社会公众股股票都是人民币股票，称为"A种股票"或"A股"，它是由我国境内的公司发行，供境内机构、组织或个人（不含台、港、澳投资者）以人民币认购或交易的普通股票。

（4）外资股

① 境内上市外资股

这类股票称为B股。B股采取记名股票形式，以人民币标明股票面值，以外币认购买卖，在境内证券交易所上市交易。投资者用美元认购买卖上海B股,以港币认购买卖深圳B股。

② 境外上市外资股

境外上市外资股主要由H股、N股、S股等构成。H股是指注册地在我国内地、上市地在我国香港的外资股。N股是指注册地在中国大陆、上市地在美国纽约的外资股。S股是指注册地在中国大陆、上市地在新加坡的外资股。

红筹股不属于外资股。红筹股是指在中国境外注册、在香港上市但主要业务在中国内地或大部分股东权益来自中国内地的股票。

2. 按股东享有权利的不同分类

(1) 普通股票

普通股票是最基本、最常见的一种股票,其持有者享有股东的基本权利和义务。普通股票的权利完全随公司盈利的高低而变化。在公司盈利较多时,普通股票股东可获得较高的股利收益,但在公司盈利和剩余财产的分配顺序上列在债权人和优先股票股东之后,故其承担的风险也较高。

(2) 优先股票

优先股票的股息率是固定的,其持有者的股东权利受到一定限制。但在公司盈利和剩余财产的分配上比普通股票股东享有优先权。

三、股票的交易程序

1. 股票代码

(1) A股代码

上证A股为600×××或601×××或603×××,深证A股为000×××,中小板为002×××,创业板为300×××;两市股票代码的后3位数字均表示上市的先后顺序。例如,贵州茅台(600519)、中国铁建(601186)、晨光文具(603899)、隆平高科(000998)、好想你(002582)、华谊兄弟(300027)等股票。

(2) B股代码

上证B股为900×××,深证B股为200×××;两市股票代码的后3位数字也表示上市的先后顺序。例如,三毛B股(900922)、晨鸣B(200488)等。

2. 我国股票交易所与交易时间

(1) 股票交易所

我国股票交易所包括上海证券交易所和深圳证券交易所。上海证券交易所成立于1990年11月26日,同年12月19日开业,受中国证监会监督和管理。深圳证券交易所1990年12月1日开始营业,是经国务院批准设立的全国性资本市场。证券交易所的主要职能包括:提供证券交易的场所和设施;制定证券交易所的业务规则;接受上市申请,安排证券上市;组织、监督证券交易;对会员、上市公司进行监管;管理和公布市场信息,履行中国证监会许可的其他职能。

(2) 交易时间

我国股票交易时间为每周一至周五(除法定节假日外)上午9:30—11:30,下午1:00—3:00。

3. 股票交易规则

(1) 交易单位

我国的股票交易以手为交易单位,1手=100股,委托买入数量必须为100股或其整数倍。

A股股票计价单位为1股,而价格波动以0.01元为基本变动单位。

(2) 交易制度

我国股票交易制度采取"T+1"交易制度,指投资者当天买入的证券不能在当天卖出,需待第二天进行自动交割过户后方可卖出。

(3) 涨跌幅限制

在一个交易日内,除首日上市证券外,每只证券的交易价格相对上一个交易日收市价的涨跌幅度不得超过10%(ST股的限幅为5%),超过涨跌限价的委托为无效委托。

4. 股票交易流程

股票交易流程如下图所示:

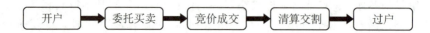

(1) 开户

① 选择证券公司

如何选择良好的证券公司?第一,看证券公司基本情况。可以考虑选择公司规模大、营业网点多、网上交易系统快捷方便、评级高、资金雄厚且信誉高的证券公司。第二,看交易佣金费率是否合理。交易手续费低,可降低交易成本,这是选择证券公司考虑的首要因素。第三,看对客户服务的重视程度。好的证券公司资讯较为丰富,拥有强大的分析师团队,每天可以为客户送上专家股票池以及专家在线问答等多种形式的投资服务,后续服务好,经常与客户交流股票信息。

② 开立证券账户

证券账户是指证券投资者在证券登记结算公司开立证券账户,用于记载投资者持有的证券种类、名称、数量及相应权益和变动情况的账户。我国证券账户分为股票账户、债券账户、基金账户。

③ 开立资金账户

投资者在证券公司进行登记,开立资金账户,办理证券交易卡。券商为投资者提供代理、托管、出纳服务。

开立资金账户需要填写以下材料:第一,风险揭示书;第二,开立资金账户申请表;第三,授权委托书;第四,证券交易委托代理协议书;第五,指定交易协议书;第六,网上交易委托协议书。

④ 办理银证转账

银证转账是指将投资者在银行开立的个人结算存款账户(或借记卡)与证券公司的资金账户建立对应关系,通过银行的电话银行、网上银行、网点自助设备和证券公司的电话、网上交易系统及证券公司营业部的自助设备实现资金在银行和证券公司之间划转,为股票交易提供便利。

通过第三方存管银行进行银证转账,包括银行转证券、证券转银行,既可以把资金从银行账户转入证券账户,也可以把资金从证券账户转入银行账户。还可以查询证券/资金、交易成功明细和客户信息。

(2) 委托买卖

① 委托数量

整股委托是指买卖股票数量以一个交易单位或其整数倍为起点。我国股票委托交易为100股/手或其整数倍。零股委托是指不到一个成交单位的股票交易。股票不满1手时称为零股。在卖出股票时可以用零股进行委托;但在买进股票时不能以零股进行委托。

② 委托指令

市价委托是指投资者委托证券商按照交易市场的价格买卖证券,成交速度快。限价委托是指投资者要求证券商在执行委托指令时按限定的价格或比限价更有利的价格买卖证券,成交速度慢。

③ 委托方式

委托方式有当面委托、电话委托、传真委托、电脑委托、自助委托。

(3) 竞价成交

① 竞价原则

我国股票交易采取"价格优先,时间优先"的竞价原则。价格优先是指买进时,较高的价格优先于较低的价格,卖出时较低的价格优先于较高的价格;市价优先于限价成交。时间优先是指同价位申报,依照申报时序决定优先顺序,即买卖方向、价格相同的,先申报者优先于后申报者。先后顺序按证券交易所交易电脑主机接受申报的时间确定。

② 竞价方式

竞价方式按连续性划分为集合竞价和连续竞价。我国上海证券交易所集合竞价时间为9:15—9:25,集中撮合形成开盘价,连续竞价时间为9:30—11:30、13:00—15:00,接受申报进行撮合;深圳证券交易所集合竞价时间为9:15—9:25、14:57—15:00,连续竞价时间为9:30—11:30、13:00—14:57。

③ 竞价结果

包括全部成交、部分成交、不成交。

(4) 清算交割

① 清算

清算是指买卖双方成交后,通过交易所将证券商之间的买入、卖出证券的数量和价款分别予以轧平,即将买卖证券的数量和金额分别予以抵消,通过证券交易所交割净差额的证券或价款。

② 交割

交割是指卖方向买方支付证券,买方向卖方支付价款的过程,即"一手交钱,一手交货"。包括证券商与客户之间和证券商之间交割两个阶段。现在由于很多委托以网上交易的形式进行,客户一般不到券商处进行实地交割。

(5) 过户

过户即股权转移。我国实行电脑交易、过户一体化。

5. 股票交易费用

股票交易费用包括印花税、佣金、过户费、其他费用等几个方面的内容。股票交易费用可参考下表。

收费项目	上海 A 股	深圳 A 股	上海 B 股	深圳 B 股
印花税	1‰ (单边收取)	1‰ (单边收取)	1‰ (单边收取)	1‰ (单边收取)
佣金	≤3‰ 起点:5元	≤3‰ 起点:5元	3‰ 起点:1美元	3‰

续　表

收费项目	上海 A 股	深圳 A 股	上海 B 股	深圳 B 股
过户费	1‰ (按股数计算,起点 1 元)	无	无	无
交易手续费	5 元 (按每笔收费)	无	无	无
结算费	无	无	0.5‰	0.5‰ (上限 500 港元)

① 印花税

印花税是根据国家税法规定,在股票(包括 A 股和 B 股)成交后对买卖双方投资者按照规定的税率分别征收的税金。我国目前规定股票交易的印花税由出让方单边缴纳。基金、债券等均无此项费用。

② 佣金

佣金是指投资者在委托买卖证券成交之后,按成交金额的一定比例支付给券商的费用。此项费用由券商的经纪佣金、证券交易所交易经手费及管理机构的监管费等构成。

③ 过户费

过户费是指投资者委托买卖的股票、基金成交后,买卖双方为变更股权登记所支付的费用。这笔收入属于证券登记清算机构的收入,由证券经营机构在同投资者清算交割时代为扣收。

④ 其他费用

其他费用是指投资者在委托买卖证券时,向证券营业部缴纳的交易手续费、结算费、委托费(通信费)、撤单费、查询费、开户费等。

任务实施

1. 用手机下载和安装同花顺模拟炒股软件。
2. 注册同花顺模拟炒股账户,设置登录密码。
3. 登录同花顺模拟炒股软件,点击"模拟"—"模拟炒股交易区"—"同花顺练习区",进入模拟交易页面。

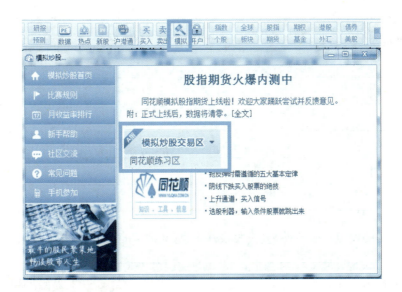

4. 点击"买入",输入股票的证券代码或证券名称,按市价买入 1,000 股,点击"买入",点击"委托"或"成交",可以查询是否交易成功。

5. 未交易成功的股票可点击"全撤"/"撤买"/"撤卖"进行撤单。

6. 点击"查询",可以查询资金、股票、当日成交、当日委托、历史委托、资金明细、对账单等情况。

7. 点击"卖出",选择已经买入的股票代码或名称,按市价卖出 500 股,看"盈亏"或"总资产"可了解自己的盈亏情况。

任务巩固

1. 请给下面的股票进行归类,将正确的答案序号填入表格相应的位置。
(1)七匹狼(002029);(2)机器人(300024);(3)中国石化(600028);(4)中国国旅(601888);(5)机电 B 股(900925);(6)长白山(603099);(7)小天鹅 B(200418);(8)神州高铁(000008);(9)人人乐(002336);(10)隆平高科(000998)。

股票类型	选　项
上海 A 股	
上海 B 股	
深圳 A 股	
深圳 B 股	
中小板股	
创业板股	

2. 登录同花顺模拟炒股软件，查找股票好当家（600467）相关信息填入下表。

股票信息	内容	股票信息	内容
开盘价		市盈率（动）	
最新价		市净率	
最高价		总市值	
昨日收盘价		每股收益	
涨幅		外盘	
总手数		内盘	

3. 模拟股票投资交易实操。

（1）登录同花顺模拟炒股软件，打开"模拟"—"模拟炒股交易区"—"同花顺练习区"。

（2）任选 3 只股票并进行买入操作，数量自行确定，待股票成交后根据持仓情况填写下表。

序号	证券代码	证券名称	股票余额	盈亏	成本价	市价	市值	交易市场	股东账户
1									
2									
3									

（3）根据买入的股票操作成交情况填写下表。

序号	证券代码	证券名称	成交时间	成交数量	成交均价	成交金额	合同编号	成交编号	股票余额
1									
2									
3									

(4) 待第二个交易日全部卖出前一交易日已买入的股票,并根据卖出的股票操作成交情况填写下表。

序号	证券代码	证券名称	成交时间	成交数量	成交均价	成交金额	合同编号	成交编号	股票余额
1									
2									
3									

(5) 查询当日对账单,根据对账单内容填写下表。

证券代码	证券名称	操作	发生金额	本次金额	成交数量	成交金额	手续费	印花税	其他杂费
	汇总								

任务 2　债券投资理财

1. 掌握债券的含义与分类。
2. 掌握债券的交易操作程序知识。
3. 掌握债券投资交易操作方法。

一、债券的含义

债券是国家政府、金融机构、企业等机构直接向社会借债筹措资金时,向投资者发行,并且承诺按规定利率支付利息并按约定条件偿还本金的债权债务凭证。债券购买者与发行者之间是一种债权债务关系,债券发行人是债务人,投资者(或债券持有人)是债权人。

二、债券的分类

1. 按发行主体划分

（1）政府债券：是指政府为筹集资金而发行的债券。主要包括中央政府债券、地方政府债券等。其中，中央政府债券也称国债，国债因信誉好、利率优、风险小又被称为"金边债券"。

（2）金融债券：是指由银行或非银行金融机构发行的债券。在我国目前金融债券主要由国家开发银行、中国进出口银行等政策性银行发行。

（3）公司债券：我国的公司债券是指在中国境内设立的股份有限公司、有限责任公司依照法定程序发行的债券。公司承诺在1年以上期限内偿还本金并按事先规定的利率支付利息。

（4）企业债券：是指我国境内有法人资格的企业依照法定程序发行，约定在一定期限内还本付息的债券。

2. 按偿还期限划分

（1）长期债券：偿还期限在10年以上的债券为长期债券。

（2）中期债券：偿还期限在1年或1年以上、10年以下（包括10年）的债券为中期债券。

（3）短期债券：偿还期限在1年（含1年）以下的债券为短期债券。

三、债券的交易程序

1. 如何选择债券品种

选择债券要学会"三看"：一看到期收益率，二看期限，三看信用。

（1）一看到期收益率

$$债券到期收益率 = (到期本息和 - 买入价格) \div (买入价格 \times 剩余期限) \times 100\%$$

$$到期本息和 = 面值 + 面值 \times 票面利率 \times 总年限$$

期限相同的债券，应选到期收益率高的。如下表中的三只国债剩余期限大致相同，但04国债(10)到期收益率高，所以应优先选择它。如果国债和企业债的到期收益率相同，应优先选择国债，因为企业债的个人投资者要被征收20%的个人所得税。

国债名称	代码	年利率（%）	期限（年）	剩余期限（年）	净价	应计利息	付息方式	到期收益率（%）
06国债(18)	010618	2.48	5	3.104,1	100.55	2.235,4	年付	2.29
04国债(10)	010410	4.86	7	3.189	104	3.967,9	年付	3.50
21国债(12)	010112	3.05	10	3.117,8	99.53	2.707,4	年付	3.21

（2）二看期限

当市场受到通胀的影响时，应回避期限长的债券。因为在通胀的时候市场利率往往上调，受其影响，长期债价格下跌的幅度会大于中短期债券。在市场面临利率下调的预期背景时，应选择票面利率高的债券。

(3) 三看信用

购买企业债时,应选择信用评级高的债券,回避信用级别低的。目前在沪、深两市上市交易的企业债,都是信用级别在 AAA 和 AA 级,投资者都可以介入。

2. 债券交易方式

债券的交易方式有债券现货交易、债券回购交易和债券期货交易。目前在我国沪、深证券交易所交易的债券有现货交易和回购交易。在中国金融期货交易所可交易国债期货。

(1) 债券现货交易

债券现货交易又叫现金现货交易,是债券买卖双方对债券的买卖价格均表示满意,在成交后立即办理交割,或在很短的时间内办理交割的一种交易方式。投资者可直接通过证券账户或基金账户进行买卖。

(2) 债券回购交易

债券回购交易是指债券持有一方(出券方)和购券方在达成一笔交易的同时,规定出券方必须在未来某一约定时间以双方约定的价格从购券方那里购回原先售出的那笔债券,并以商定的利率(价格)支付利息。目前上海、深圳证券交易所均有债券回购交易,但只允许机构法人开户交易,个人投资者不能参与。

(3) 债券期货交易

债券期货交易是指交易双方成交以后,交割和清算按照期货合约中规定的价格在未来某一特定时间进行的交易。国债期货于 2013 年 9 月 6 日正式在中国金融期货交易所上市交易,翻开在中国证券市场债券期货交易的新篇章。

3. 上市债券的交易程序

(1) 上市债券的定义

上市债券是指债券发行结束后可在沪、深证券交易所即二级交易市场上市流通转让的债券。目前我国两大证券交易所上市债券包括上市国债、上市公司债和上市可转换债券等。

(2) 债券交易规则

债券交易规则如下表所示:

交易单位	1 手=1,000 元面值债券;1 手=10 张,1 张=100 元面值债券
每笔申报限制	最小 1 手,最大 1 万手
价格变动	0.01 元
交易方式	采取 T+0 交易,公司债券现货交易允许实行回转交易,即当天买进的债券当天可以卖出。T+1 交收确认。

(3) 债券交易费用

沪市:佣金不超过成交金额的 0.02%,起点 1 元。

深市:国债、公司债、企业债佣金不超过成交金额的 0.02%;可转换债券佣金不超过成交金额的 0.1%。

(4) 债券交易操作

投资者认购沪、深证券交易所上市发行的债券需经过证券商委托,并通过沪、深证券账户或基金账户进行交易操作。

任务实施

1. 登录手机同花顺模拟炒股软件,点击"行情"—"其他"—"沪深债券"。
2. 选择一只国债,并填写以下相关信息,加入自选股。

债券名称	债券代码	开盘价	均价	总手	金额	量比

3. 选择一只企业债,并填写以下相关信息,加入自选股。

债券名称	债券代码	开盘价	均价	总手	金额	量比

4. 选择一只可转债,并填写以下相关信息,加入自选股。

债券名称	债券代码	开盘价	均价	总手	金额	量比

任务巩固

登录同花顺行情交易软件扩展行情—债券,各选择一只上证债券、深证债券、企业债和国债,查询相关债券信息填入下表。

债券类型	上证债券	深证债券	企业债	国债
债券名称				
债券代码				
交易市场				
上市日期				
到期日期				
期限(年)				
发行总额(亿元)				
面值(元)				
利息税率				
付息日期				

任务 3　基金投资理财

任务目标

1. 掌握基金的概念与分类。
2. 掌握基金的交易操作程序知识。
3. 掌握基金投资交易操作方法。

知识准备

一、基金的概念

基金是指一种利益共享、风险共担的集合证券投资方式,即通过发行基金单位,集中投资者的资金,由基金托管人托管,由基金管理人管理和运用资金,从事股票、债券、货币等金融工具的投资,并将投资收益按照投资者的投资比例进行分配的一种间接投资方式。

基金具有以下五大特点:(1)集合理财,专业管理;(2)组合投资,分散风险;(3)利益共享,风险共担;(4)独立托管,保障安全;(5)严格监管,信息透明。

二、基金的分类

1. 按基金单位是否可增加或赎回划分

(1) 开放式基金。开放式基金是指基金单位总数不固定,发行者可根据经营策略和发展需要追加发行,投资人可根据市场状况和投资决策赎回所持有份额或增加份额。开放式基金设立后,投资者可以随时申购或赎回基金单位,基金规模不固定。

(2) 封闭式基金。封闭式基金是指基金发起人在设立基金时,限定了基金单位的发行总额,筹集到这个总额后,基金即宣告成立,并进行封闭,在一定时期不再接受新的投资。如原投资者退出或新投资者加入,可通过交易所进行买卖交易。封闭式基金的规模在发行前已确定,并在发行完毕后的规定期限内固定不变。

2. 按投资对象划分

(1) 股票基金。股票基金是以股票为投资对象的基金。

(2) 债券基金。债券基金是以债券为投资对象的基金。

(3) 货币市场基金。货币市场基金是以国库券、大额银行可转让存单、商业票据、公司债券等货币市场短期有价证券为投资对象。

(4) 混合基金。混合基金是指同时投资于股票、债券和货币市场等工具,没有明确的投资方向的基金。其风险低于股票基金,预期收益则高于债券基金。混合基金根据资产投资比例及其投资策略可分为偏股型基金(股票配置比例在50%—70%,债券比例在20%—40%)、偏债型基金(股票配置比例在20%—40%,债券比例在50%—70%)、平衡型基金(股票、债券比例比较平均,大致在40%—60%)和配置型基金(股债比例按市场状况进行调整)等。

(5) 指数基金。指数基金是以某种证券市场的价格指数为投资对象的基金。

3. 按投资目标划分

(1) 成长型基金。成长型基金是以资本长期增值作为投资目标的基金,投资对象主要是市场中有较大升值潜力的小公司股票和一些新兴行业的股票。这类基金很少分红,经常将投资所得的股息、红利和盈利进行再投资,以实现资本增值。

(2) 收入型基金。收入型基金是以追求当期收入为投资目标的基金。其投资对象主要是绩优股、债券、可转让大额定期存单等收入稳定的有价证券。收入型基金一般把所得的利息、红利都分配给投资者。

(3) 平衡型基金。平衡型基金是指既追求长期资本增值,又追求当期收入的基金,这类基金的投资对象是债券、优先股和部分普通股。有价证券投资组合资产总额的25%—50%用于优先股和债券投资,其余的用于普通股投资。其风险和收益状况介于成长型基金和收入型基金之间。

三、基金的交易程序

1. 如何选基金品种

(1) 评测自己的风险承受度,选择合适的基金类型,拟定投资目标。进行基金个人风险承受能力测试,评估自己属于哪种风险偏好类型的投资者。风险偏好类型包括保守型、稳健型、积极型。保守型的投资者希望在保证本金安全的基础上能有一些增值收入,承担较低的风险,对投资回报的要求不是太高,可选择货币型或者债券型的基金产品。稳健型的投资者对投资知识有一些了解,能够根据个人的投资需求,将资产在高风险和低风险的产品之间进行分配,可选择购买货币型、债券型和混合型的基金产品。积极型投资者渴望有较高的投资收益,愿意承受高风险以获取较高的回报,适合购买债券型、混合型、股票型的基金产品。

(2) 选择靠谱的基金公司。建议选择成立时间久、实力雄厚、管理规范的大型基金公司。可以从基金公司排名情况了解整体投资研究实力,从单只基金排名情况了解该基金经理的投资水平。

(3) 选择优秀的基金经理。基金经理是基金管理团队中的核心,可以从相关资料了解基金经理的投资风格、投资理念和过往业绩等。

(4) 选择基金评级高的基金。一是关注基金评级,基金评级代表一只基金的过往业绩,权威机构的评级更有真实性和说服力,评级越高的基金越值得信赖。二是关注基金的投资对象,可以登录相关基金官网了解该基金投资对象具体包括哪些股票,判断这些股票价格有没有上涨的空间。

2. 基金交易规则

(1) 交易时间

周一至周五(法定节假日除外)9:30—11:30、13:00—15:00为基金交易时间。T日客户基金交易申请,T+1日基金公司进行确认,T+2日客户可以查询交易结果、打印交割单据。如果是申购则基金份额到账(可赎回),如果是赎回业务,成功的赎回款将于规定的日期划入投资者账户。若是周五申购,需要等到下周二才确认成交。

（2）基金申报数量和价格

基金交易单位为份,1 手＝100 份,委托数量为 100 份或其整数倍。单笔申报数量不超过 100 万份。基金申报价格最小变动单位为人民币 0.01 元。

（3）涨跌幅限制

在一个交易日内,除首日上市证券外,每只基金的交易价格相对上一个交易日收市价的涨跌幅度不超过 10%。

（4）基金交易流程

实名认证开户→绑定银行卡→风险测评→选择基金产品→基金申购→基金撤销→基金赎回→基金分红。

（5）基金交易场所

基金投资者只能在证券交易所进行封闭式基金买卖。我国开放式基金申购、赎回分为场外、场内两种形式。场外形式交易途径分两种：一是通过证券公司等中介代理,进行基金单位交易；二是投资者和基金公司的基金经理人直接进行基金单位的交易。场内形式主要是投资者可通过上海证券交易所或深圳证券交易所的交易系统办理申购和赎回业务。一般不在交易所上市的开放式基金只能采取场外形式申购、赎回。

3. 开放式基金的申购、赎回流程

（1）开放式基金的申购流程

① 开立账户。投资者凭身份证本人或委托代理人开立基金账户和资金账户,用于基金单位清算和资金结算。场内交易使用上证、深证账户；场外交易使用中国结算公司上海、深圳开放式基金账户。

② 确认申购金额或份额。场外交易遵循"金额申购原则"；场内交易通过券商交易系统在二级市场以电子撮合方式买入基金份额,以金额申报,单位 1 元人民币。

③ 支付款项。场外申购,T 日通过指定账号划出足额申购款,基金管理人收取申购费；场内申购,T 日通过有资格的证券交易所会员营业部提交开放式基金的申购申请,证交所于 T＋2 日通过其在中国结算公司开立的开放式基金结算备付金账户完成资金交收,收取代理费。

④ 申购确认。T＋2 日（包括）前基金管理公司确认交易有效性,T＋2 日起,场外申购投资者向基金销售网点进行成交查询；场内申购投资者在提交申报的上证所会员营业部查询申购处理结果和申购所得基金份额。若申购资金在有效期内未全额到账,则申购失败。

（2）开放式基金的赎回流程

① 确认赎回份额。确定基金份额,而非金额。基金净值当日收市后得知,第二日公布。

② 计算赎回金额。基金管理公司计算基金净值,扣除赎回手续费,得出赎回金额。对赎回要求和金额于 T＋2 日进行确认。

③ 支付赎回款项。赎回成交,赎回款在 T＋7 日内向赎回人划出,从 T＋2 日起可在基金销售网点或提交交易所会员营业部查询结果,赎回款一般 T＋3 日内从基金银行存款账户划出。货币市场基金一般在 T＋1 日即可从基金的银行存款账户划出。下图为开放式基金申购赎回流程。

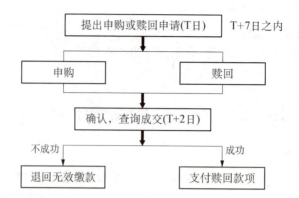

任务实施

1. 手机下载与安装天天基金网 App,已满 18 周岁的同学可以进行开户。点击"开户"—"填写个人信息"—"关联银行卡"—"开户成功"。

2. 用账户和安全密码登录天天基金网,购买基金前,先进行"风险测评",请完成风险承受能力测试问卷,了解自己属于哪一类投资者。

基金投资人风险承受能力测试问卷

说明： 本问卷旨在评估基金个人投资者的风险承受能力，问卷共由 10 道选择题组成，每题共有 A、B、C、D、E 五个选项，每个选项的得分分别为 2 分、4 分、6 分、8 分、10 分。请您根据您的实际情况，如实填写。我们将根据您的得分情况以及"得分越高代表风险承受能力越强"的原则，评估出您的风险偏好类型。并提醒您在选择基金产品前，充分了解基金产品的风险特征和自身的风险承受能力，审慎选择与您的风险承受能力相匹配的基金产品。您的风险偏好类型与基金产品风险等级的匹配关系如下表所示：

类型	极端保守型	相对保守型	稳健平衡型	相对积极型	积极进取型
得分区间	20（含）以下	21—40	41—60	61—80	81（含）以上

投资者类型	公司销售基金产品（风险等级）				
	低风险产品	中低风险产品	中风险产品	中高风险产品	高风险产品
极端保守型	√	×	×	×	×
相对保守型	√	√	○	○	○
稳健平衡型	√	√	√	○	○
相对积极型	√	√	√	√	○
积极进取型	√	√	√	√	√
未评测	√	×	×	×	×

注：√，为可正常购买，无需用户另行确认；
　　×，为风险不匹配，禁止用户购买；
　　○，为不匹配，需要提示风险，用户明确确认方可购买。

(1) 您投资基金主要用于什么目的？_____
　A. 应付通货膨胀的压力
　B. 养老
　C. 子女教育
　D. 资产增值
　E. 资本增值和未来收入的增加

(2) 您目前的家庭财务状况属于以下哪一种？_____
　A. 有较大数额未到期债务
　B. 收入和支出基本相抵
　C. 收入来源稳定，且有一定的积蓄和一定的投资
　D. 有较为丰厚的积蓄，并有完备的养老保险计划
　E. 家产富足，且有周详的理财计划

(3) 假设您的工作收入可以选择固定薪水和佣金提成，或者说是两者的混合，您会如何选

择？_____

    A. 全部是固定薪水   B. 主要是固定薪水

    C. 固定薪水和佣金提成各占一半   D. 主要是佣金提成

    E. 全部是佣金提成

（4）目前，您的各项开支占全部收入的比例是多少？_____

    A. 80%以上   B. 60%—80%

    C. 40%—60%   D. 20%—40%

    E. 20%以下

（5）您是否有过股票与基金的投资经历，如有，投资时间是多长？_____

    A. 没有任何基金投资经历   B. 少于1年

    C. 1—5年之间   D. 5—10年之间

    E. 超过10年

（6）您计划中的基金投资期限是多长？_____

    A. 没有期限，想短炒一把   B. 少于2年

    C. 2—5年   D. 5—10年

    E. 10年以上

（7）您希望获得的年收益率是多少？_____

    A. 获取相当于银行定期存款利率的回报

    B. 保障资本增值及抵御通货膨胀

    C. 高于通货膨胀率，只要保值并略有增值即可

    D. 每年获取10%—20%的回报率

    E. 每年获取超过20%的回报率

（8）以下几种投资模式，您更偏好哪种模式？_____

    A. 收益只有5%，但不亏损   B. 收益15%，但可能亏损5%

    C. 收益30%，但可能亏损15%   D. 收益50%，但可能亏损30%

    E. 收益100%，但可能亏损60%

（9）如果投资出现损失，您会如何选择？_____

    A. 预设止损点，到止损点即全部抛出

    B. 部分止损，如抛出一半

    C. 什么也不做，继续观望一段时间

    D. 择机补仓，以摊薄成本

    E. 立即全仓买入，并等待反弹机会

（10）您认为自己的金融投资知识属于以下哪一种？_____

    A. 对金融投资一点也不懂

    B. 略知一二，可能处于平均水平

    C. 超过平均水平，基本达到专业水平

    D. 专业出身，具备专业投资知识

    E. 超过专业投资者的水平

3. 点击"我的活期宝"，点击"充值"，选择货币基金品种，输入"充值金额"—"选择支付方

式"—"输入基金交易密码"—"确认",即购买货币基金成功。

4. 点击"基金交易"—"买基金"—"选择购买的基金"—输入"买入金额",点击"下一步"—"预览付款"—"申请受理"。

5. 点击"基金交易"—"卖基金"—"选择持有的基金份额",点击"卖出"—"卖出基金"—"预览确认"—"申请受理"。

任务巩固

登录同花顺行情交易软件扩展行情—基金,各选择一只股票基金、货币基金、混合基金、债券基金和指数基金,查询基金相关信息并填入下表。

基金类型	股票基金	货币基金	混合基金	债券基金	指数基金
基金简称					
基金代码					
基金经理					
基金管理人					
基金托管人					
成立日期					
成立规模					
最新净值					
累计分红					
基金排名					

项目九　增值税与所得税

任务 1　认 识 税 收

 任务目标

1. 了解税收的特征、税收的来源与用途。
2. 了解税务机关和税种。

 知识准备

一、税收的定义与特征

税收就是国家为满足社会公共需要，凭借公共权力，按照法律所规定的标准和程序，参与国民收入分配，强制地、无偿地取得财政收入的一种方式。

固定性、强制性、无偿性是税收的三个基本特征。

二、税收的来源与用途

税收来源于社会剩余产品，是社会剩余产品的一部分，是广大劳动人民生产创造出来的。也就是说，税收是由广大纳税人缴纳的。当然这个纳税人的范围是很广泛的，可以是企业也可以是普通的自然人。因此可以说，税收最终来源于我们每个人，大家都在为国家税收收入作着贡献。税收是国家为了社会公共需要而征收的，我国税收的本质就是取之于民，用之于民。

税收的主要用途有：发展国防事业，保障国家安全；支持内政外交，服务政府运转；投资基础设施，强化公共服务；着力改善民生，保障公民福利。

三、我国税收的征收机关

目前，我国税收的征收机关有税务机关、海关、财政部门。

一般情况下，企业的涉税事项，须到当地所属的主管税务机关或通过电子税务局进行办理。现行税务机构的设置是中央政府设立国家税务总局，省及省以下税务机构分别为国家税务局和地方税务局两个系统。

 政策链接

国税地税合并

2018 年 3 月 21 日中共中央印发的《深化党和国家机构改革方案》中的第四十六条部分内容如下：改革国税地税征管体制。为降低征纳成本，理顺职责关系，提高征管效

率,为纳税人提供更加优质高效便利服务,将省级和省级以下国税地税机构合并,具体承担所辖区域内各项税收、非税收入征管等职责。为提高社会保险资金征管效率,将基本养老保险费、基本医疗保险费、失业保险费等各项社会保险费交由税务部门统一征收。国税地税机构合并后,实行以国家税务总局为主与省(自治区、直辖市)政府双重领导管理体制。

四、我国目前开征的主要税种

按征税对象的不同性质,我国现行税种可以分为五大类:流转税、所得税、财产税、资源税、行为税。

税类	解 释	包括的税种
流转税	以商品、劳务或服务买卖的流转额为征税对象征收的各种税。流转税一直是我国的主体税种。	增值税、消费税、关税
所得税	以所得额为征税对象征收的各种税,所得额一般情况下是指全部收入减去为取得收入耗费的各项成本费用后的余额。	企业所得税、个人所得税
财产税	以纳税人拥有或支配的财产为征税对象征收的各种税。	房产税、车船使用税等
资源税	以各种应税自然资源为征税对象征收的各种税。	资源税、城镇土地使用税、土地增值税等
行为税	以纳税人发生的某种行为为征税对象征收的各种税。	车辆购置税、印花税、契税、环保税等

任务实施

请将增值税、消费税、关税、企业所得税、个人所得税、资源税、土地增值税、城镇土地使用税、城市维护建设税、车辆购置税、耕地占用税、房产税、车船使用税、印花税、契税填入以下两个表格。

征收机关	征 收 税 类
税务系统	
地方财政部门	
海关系统	

类别	征 收 税 类
流转税类	
所得税类	
财产税类	
资源税类	
行为税类	

任务巩固

一、下列选择题中有四个选项，请根据税收的基本知识选择出一个或多个正确选项。

1. 税收具有（   ）的特征。
   A. 无偿性　　　　B. 强制性　　　　C. 有偿性　　　　D. 固定性
2. 国家征税凭借的是（   ）。
   A. 财产权　　　　B. 政治权力　　　C. 行政权力　　　D. 所有权
3. 国家征税的目的是为了满足（   ）。
   A. 企业需要　　　B. 社会公共需要　C. 私人需要　　　D. 国家需要
4. 流转税包括（   ）。
   A. 增值税　　　　B. 消费税　　　　C. 关税　　　　　D. 所得税
5. 目前，我国税收的征收机关有（   ）。
   A. 税务局　　　　B. 社保局　　　　C. 海关　　　　　D. 财政部门
6. 按征税对象的不同性质，我国现行税种可以分为（   ）。
   A. 流转税　　　　B. 财产税　　　　C. 行为税　　　　D. 所得税
   E. 资源税
7. 印花税属于（   ）。
   A. 流转税　　　　B. 财产税　　　　C. 行为税　　　　D. 所得税
   E. 资源税
8. 房产税属于（   ）。
   A. 流转税　　　　B. 财产税　　　　C. 行为税　　　　D. 所得税
   E. 资源税

二、判断以下说法的正误。

1. 税收就是国家为满足社会公共需要，凭借公共权力，强制地、有偿地取得财政收入的一种方式。（   ）
2. 纳税人的范围是很广泛的，可以是企业也可以是普通的自然人。（   ）
3. 我国税收的本质就是取之于民，用之于民。（   ）

任务 2 增值税的计算

1. 能判定一般纳税人和小规模纳税人的标准。
2. 会判断哪些业务应当征收增值税。
3. 会选择增值税适用税率。
4. 能计算小规模纳税人应纳增值税额。
5. 能计算一般纳税人企业的销项税额、进项税额和应纳增值税税额。

增值税是对在我国境内销售货物、提供加工修理修配劳务、销售服务、销售无形资产或者不动产、进口货物的企业单位和个人,就其销售货物、劳务、服务、无形资产或者不动产的增值额和进口货物金额为计税依据而课征的一种流转税。

一、增值税的征税范围

1. 征税范围的一般规定

（1）销售或进口货物

（2）提供加工或修理修配劳务

（3）销售服务、无形资产或者不动产

1. 货物：有形动产,包括电力、热力、气体在内。
2. 加工：委托方提供原料,受托方制造货物并收取加工费。
3. 修理修配劳务：是指对损伤和丧失功能的货物进行修复,使其恢复原状。
4. 服务：交通运输服务、邮政服务、电信服务、建筑服务、金融服务、现代服务、生活服务。
5. 无形资产：不具实物形态,但能带来经济利益的资产,包括技术、商标、著作权、商誉、自然资源使用权。
6. 不动产：不能移动或者移动后会引起性质、形状改变的财产,包括建筑物、构筑物等。

2. 征税范围的特殊情况

（1）视同销售货物

① 将货物交由他人代销。

② 代他人销售货物。

③ 将货物从一地移送至另一地(同一县市除外)。

④ 将自产或委托加工的货物用于非应税项目。
⑤ 将自产、委托加工或购买的货物作为对其他单位的投资。
⑥ 将自产、委托加工或购买的货物分配给股东或投资者。
⑦ 将自产、委托加工的货物用于职工福利或个人消费。
⑧ 将自产、委托加工或购买的货物无偿赠送他人。

（2）视同销售服务、无形资产或者不动产

① 单位或者个体工商户向其他单位或者个人无偿提供服务,但用于公益事业或者以社会公众为对象的除外。
② 单位或者个人向其他单位或者个人无偿转让无形资产或者不动产,但用于公益事业或者以社会公众为对象的除外。
③ 财政部和国家税务总局规定的其他情形。

（3）混合销售行为

一项销售行为如果既涉及货物又涉及服务,为混合销售行为。

从事货物的生产、批发或者零售的单位和个体工商户的混合销售行为,按照销售货物缴纳增值税;其他单位和个体工商户的混合销售行为,按照销售服务缴纳增值税。

（4）兼营行为

纳税人兼营销售货物、劳务、服务、无形资产或者不动产,适用不同税率或者征收率的,应当分别核算适用不同税率或者征收率的销售额;未分别核算的,从高适用税率。

二、增值税的纳税义务人

1. 纳税义务人

在中华人民共和国境内销售货物、提供加工修理修配劳务、销售服务、销售无形资产或者不动产、进口货物的单位和个人,为增值税的纳税人。

（1）单位：是指企业、行政单位、事业单位、军事单位、社会团体及其他单位。
（2）个人：是指个体工商户和其他个人。

2. 增值税纳税人认定标准

按经营规模的大小、会计核算是否健全,增值税纳税义务人分为一般纳税人和小规模纳税人。具体认定标准如下表所示。

纳税人	小规模纳税人	一般纳税人
基本认定标准	1. 从事货物生产或提供应税劳务的纳税人,及以其为主,兼营货物批发、零售的纳税人,年应税销售额在500万元（含）以下的纳税人。 2. 从事货物批发、零售的纳税人,年应税销售额在500万元（含）以下的。 3. 从事销售服务、无形资产、不动产的纳税人,年应税销售额在500万元（含）以下的。	1. 从事货物生产或提供应税劳务的纳税人,及以其为主,兼营货物批发、零售的纳税人,年应税销售额在500万元以上的纳税人。 2. 从事货物批发、零售的纳税人,年应税销售额在500万元以上的。 3. 从事销售服务、无形资产、不动产的纳税人,年应税销售额在500万元以上的。

续　表

纳税人	小规模纳税人	一般纳税人
特殊认定标准	1. 年应税销售额超过小规模认定标准的其他个人（即除个体经营者以外的自然人）按小规模纳税人纳税。 2. 非企业性单位、不经常发生增值税应税行为的企业可选择按小规模纳税人纳税，一旦选择按小规模纳税人纳税，则税务机关不再办理其一般纳税人资格认定。	1. 年应税销售额未超过小规模纳税人认定标准的以及新开业的纳税人，有固定的经营场所，会计核算制度健全，能够准确核算并提供销项税额、进项税额的，可以办理一般纳税人认定手续。 2. 从2004年8月1日起，对新办的商贸企业实行纳税辅导期管理制度，辅导期一般不少于6个月。辅导期结束，经主管税务机关同意，可转正为正式一般纳税人，按正式一般纳税人管理。
认定管理	使用普通发票，采取简易方法计算应纳税额，不得抵扣进项税额。	1. 增值税一般纳税人需向其机构所在地的税务监管部门办理认定手续，取得法定资格。 2. 经主管税务机关核对后退还纳税人留存的"增值税一般纳税人资格登记表"，可以作为证明纳税人具备增值税一般纳税人资格的凭据。 3. 纳税人一经认定为增值税一般纳税人，不得再转为小规模纳税人。

政策链接

关于统一增值税小规模纳税人标准的通知

财税〔2018〕33号

各省、自治区、直辖市、计划单列市财政厅（局）、国家税务局、地方税务局，新疆生产建设兵团财政局：

为完善增值税制度，进一步支持中小微企业发展，现将统一增值税小规模纳税人标准有关事项通知如下：

一、增值税小规模纳税人标准为年应征增值税销售额500万元及以下。

二、按照《中华人民共和国增值税暂行条例实施细则》第二十八条规定已登记为增值税一般纳税人的单位和个人，在2018年12月31日前，可转登记为小规模纳税人，其未抵扣的进项税额作转出处理。

三、本通知自2018年5月1日起执行。

财政部　税务总局

2018年4月4日

三、增值税税率与征收率

1. 基本税率

增值税的基本税率为 16%,适用于纳税人销售或者进口货物(适用 10% 的低税率的除外)、提供加工修理修配劳务、提供有形动产租赁服务。

2. 低税率

(1) 低税率 10%

① 销售或者进口以下货物适用于 10% 的增值税税率:

★ 粮食、食用植物油、鲜奶;

★ 自来水、暖气、冷气、热气、煤气、石油液化气、天然气、沼气、居民用煤炭制品;

★ 图书、报纸、杂志;

★ 饲料、化肥、农药、农机(整机)、农膜;

★ 国务院规定的其他货物:农产品(指各种动植物初级产品)、音像制品、电子出版物、二甲醚、食用盐。

② 纳税人销售交通运输、邮政、基础电信、建筑、不动产租赁服务,销售不动产,转让土地使用权,适用于 10% 的增值税税率。

(2) 低税率 6%

纳税人销售增值电信服务、金融服务、现代服务(不动产租赁、有形动产租赁服务除外)和生活服务,销售无形资产(转让土地使用权除外),适用于 6% 的增值税税率。

征税项目	服务种类	税率
一、销售服务	交通运输服务	10%
	邮政服务	10%
	电信服务	1. 基础电信服务税率 10% 2. 增值电信服务税率 6%
	建筑服务	10%
	金融服务	6%
	现代服务	1. 6% 2. 有形动产租赁服务税率 16% 3. 不动产租赁税率 10%
	生活服务	6%
二、销售无形资产		1. 6% 2. 转让土地使用权税率 10%
三、销售不动产		10%

3. 零税率

纳税人出口货物、劳务或者境内单位和个人发生的跨境应税行为,税率为零。但是,国家另有规定的除外。

税率为零不等于免税。出口货物免税仅指在出口环节不征收增值税,而零税率是指对出口货物除了在出口环节不征增值税外,还要对该产品在出口前已经缴纳的增值税进行退税。

4. 征收率

小规模纳税人应纳增值税额的计算采用简易方法,适用增值税征收率。一般纳税人销售某些特定货物、服务、无形资产或不动产采用简易计算方法的,也适用征收率。

我国法定增值税征收率为3%。小规模纳税人销售不动产、提供不动产租赁服务、房地产开发企业中的小规模纳税人销售房地产项目的征收率为5%,其他个人出租不动产,减按1.5%征收率。

月销售额不超过3万元的免征增值税政策优惠

《国家税务总局公告(2016年第23号)》第六条第(二)项规定:增值税小规模纳税人应分别核算销售货物、提供加工、修理修配劳务的销售额和销售服务、无形资产的销售额。增值税小规模纳税人销售货物、提供加工、修理修配劳务月销售额不超过3万元(按季纳税9万元),销售服务、无形资产月销售额不超过3万元(按季纳税9万元)的,自2016年5月1日起至2017年12月31日,可分别享受小微企业暂免征收增值税优惠政策。

2017年9月27日,国务院总理李克强主持召开国务院常务会议,部署强化对小微企业的政策支持和金融服务。会议出台和延续了三项涉及小微企业的税收优惠政策,其中,国务院决定将月销售额不超过3万元的小微企业免征增值税的政策优惠期限延长至2020年。

一、小规模纳税人应纳增值税额的计算

小规模纳税人销售货物、提供加工修理修配劳务和销售服务、无形资产或者不动产,按照取得的不含税销售额和增值税的征收率计算应纳增值税额,但不得抵扣进项税额。

小规模纳税人销售货物、提供加工修理修配劳务、销售服务、无形资产或者不动产,向对方收取的款项往往包含了增值税,因此,在计算应纳增值税税额时,需将含税销售额换算成不含税销售额,具体计算公式为:

$$不含税销售额 = 含税销售额 \div (1 + 征收率)$$
$$应纳增值税税额 = 不含税销售额 \times 征收率$$

例9-1

大华小型超市为增值税小规模纳税人,2018年4月购入货物14,600元,实现零售额

28,840 元。计算该超市该月应纳增值税税额。

【解析】
应纳增值税税额＝28,840÷(1＋3％)×3％＝840(元)

例 9-2
兰华货运站为增值税小规模纳税人,2018 年 4 月取得货运业务收入(含税)82,400 元,购入汽油等物资 24,000 元。计算该公司该月应纳增值税税额。

【解析】
应纳增值税税额＝82,400÷(1＋3％)×3％＝2,400(元)

例 9-3
华阳租赁公司为增值税小规模纳税人,2018 年 4 月出租一批汽车,取得租金收入 18,540 元(含税),计算该公司应纳增值税税额。

【解析】
应纳增值税税额＝18,540÷(1＋3％)×3％＝540(元)

二、一般纳税人应纳增值税额的计算

我国对一般纳税人采用一般计税方法计算其应纳增值税额。具体计算公式为：

应纳增值税税额 ＝ 本期销项税额 － 本期进项税额

1. 销项税额的计算

销项税额是指纳税人销售货物、提供加工修理修配劳务、销售服务、无形资产或者不动产按照销售额和增值税税率计算并收取的增值税额。需要注意的是：①销售额包括向购买方收取的全部价款和价外费用；②销售额不含增值税；③凡价外费用,均应并入销售额计算应纳税额。

销项税额 ＝ 销售额(不含税)×税率

不含税销售额 ＝ 含税销售额÷(1＋增值税税率)

例 9-4
美味酱菜厂是增值税一般纳税人,适用税率为 16％。2018 年 5 月发生下列销售业务：
(1) 向特约经销商批发销售酱菜,不含税销售额 600,000 元,开出增值税专用发票。
(2) 门市部向消费者直接销售酱菜取得含税销售额 34,800 元。
计算该厂 5 月增值税销项税额。

【解析】
业务(1)：销项税额＝600,000×16％＝96,000(元)
业务(2)：销项税额＝34,800÷(1＋16％)×16％＝4,800(元)
该厂 5 月的销项税额为：96,000＋4,800＝100,800(元)

2. 进项税额的计算

进项税额是纳税人购进货物或者接受加工修理修配劳务、服务、无形资产或不动产,支付或者负担的增值税额。

准予从销项税额中抵扣的进项税额见下表：

凭专用扣税凭证抵扣	① 从销售方取得的增值税专用发票(含税控机动车销售统一发票和中华人民共和国税收缴款凭证)上注明的增值税额; ② 从海关取得的进口增值税专用缴款书上注明的增值税额; ③ 从境外单位或者个人购进服务、无形资产或者不动产,自税务机关或者扣缴义务人取得的解缴税款的完税凭证上注明的增值税额。
通过法定扣除率计算抵扣	外购免税农产品:进项税额＝买价×适用扣除率 (买价为农产品收购发票或农产品销售发票上注明的金额)

增值税适用扣除率表

序号	税 目	增值税扣除率
1	购进农产品(除以下第二项外)	10%
2	购进用于生产销售或委托加工16%税率货物的农产品	12%

例9-5

接【例9-4】,美味酱菜厂2018年5月发生下列购进业务:

(1) 购进调味料一批,取得增值税专用发票,注明价款50,000元,增值税8,000元;

(2) 收购蔬菜300,000元,开出收购发票。

计算该厂5月增值税进项税额。

【解析】

业务(1):进项税额＝8,000(元)

业务(2):进项税额＝300,000×12%＝36,000(元)

该厂5月的进项税额为:8,000＋36,000＝44,000(元)

3. 应纳增值税税额的计算

接【例9-4】和【例9-5】,美味酱菜厂2018年5月应纳增值税税额为:

应纳增值税税额＝本期销项税额－本期进项税额＝100,800－44,000＝56,800(元)

例9-6

明成货运有限公司是增值税一般纳税人,适用税率10%。2018年5月发生如下业务:

(1) 购买成品油,取得增值税专用发票,注明税额33,500元;

(2) 购入新货车一辆,取得机动车销售统一发票,注明税额51,000元;

(3) 购买材料、低值易耗品和支付动力费用,取得增值税专用发票,注明税额37,800元;

(4) 货运业务取得收入(含税)896,400元;

(5) 装卸搬运服务取得收入(含税)204,600元(该业务适用6%的增值税率);

(6) 出租载货(不配司机)取得收入(含税)585,000元。

计算该公司5月应纳增值税税额。

【解析】

业务(1)、(2)、(3):进项税额＝33,500＋51,000＋37,800＝122,300(元)

业务(4):销项税额＝896,400÷(1＋10%)×10%＝81,490.91(元)

业务(5)：销项税额＝204,600÷(1＋6％)×6％＝11,581.13(元)
业务(6)：销项税额＝585,000÷(1＋10％)×10％＝53,181.82(元)
销项税额＝81,490.91＋11,581.13＋53,181.82＝146,253.86(元)
应纳增值税税额＝146,253.86－122,300＝23,953.86(元)

任务巩固

一、单项选择题

1. 增值税是对从事销售货物、加工修理修配劳务、销售服务、销售无形资产或者不动产，以及进口货物的单位和个人取得的(　　)为计税依据征收的一种流转税。
   A. 销售额　　　　　　　　　B. 营业额
   C. 增值额　　　　　　　　　D. 收入额

2. 下列各项中，属于不征收增值税项目的是(　　)。
   A. 提供金融服务　　　　　　B. 提供运输服务
   C. 提供旅游服务　　　　　　D. 用于公益事业无偿提供的航空运输服务

3. 下列纳税人中，属于增值税一般纳税人的是(　　)。
   A. 年销售额为700万元的从事货物生产的个体经营者
   B. 年销售额为100万元的从事货物运输的个体经营者
   C. 年销售额为60万元的从事货物生产的企业
   D. 年销售额为700万元的从事货物生产、批发、零售的企业

4. 纳税人兼营销售货物、劳务、服务、无形资产或者不动产，适用不同税率或者征收率的，应当分别核算适用不同税率或者征收率的销售额；未分别核算的，(　　)。
   A. 由主管税务机关核定税额　　B. 从高适用税率或征收率
   C. 从低适用税率或征收率　　　D. 按照组成计税价格方法计算

5. 从事销售服务、无形资产和不动产的年应征增值税销售额超过规定标准的纳税人为一般纳税人，目前该规定标准定义为(　　)万元。
   A. 50　　　　　　　　　　　　B. 80
   C. 100　　　　　　　　　　　D. 500

6. 从事货物批发、零售的年应征增值税销售额超过规定标准的纳税人为一般纳税人，目前该规定标准定义为(　　)万元。
   A. 50　　　　　　　　　　　　B. 80
   C. 100　　　　　　　　　　　D. 500

7. 某一般纳税人本月购进货物取得的增值税专用发票注明的税额为1,200元，购进固定资产取得的增值税专用发票注明的税额为300元。已知该企业适用的增值税税率为16％，则该一般纳税人本月可抵扣的进项税额为(　　)元。
   A. 1,200　　　　　　　　　　B. 1,500
   C. 300　　　　　　　　　　　D. 900

8. 某电器城向消费者销售电视机，某月销售100台，每台含税销售价为1,160元，增值税税率为16％。则该商场这个月的销项税额为(　　)元。
   A. 19,890　　　B. 116,000　　　C. 100,000　　　D. 16,000

9. 某面粉加工厂(增值税一般纳税人)2018年5月从某农场收购大豆100吨,农场开具的普通发票上注明金额30万元,此项业务可抵扣的增值税进项税额为(　　)万元。
   A. 0   B. 3.6
   C. 2.8   D. 3
10. 一般纳税人从事交通运输服务所适用的增值税税率为(　　)。
    A. 16%   B. 10%
    C. 6%   D. 3%
11. 一般纳税人从事销售增值电信服务、金融服务、现代服务所适用的增值税税率为(　　)。
    A. 16%   B. 10%
    C. 6%   D. 3%

二、多项选择题
1. 根据增值税法律规定,下列各项中,属于增值税征收范围的有(　　)。
   A. 进口货物   B. 销售不动产
   C. 修理汽车   D. 销售无形资产
2. 按照现行规定,下列纳税人应当申请认定为一般纳税人的有(　　)。
   A. 年销售额为420万元的从事货物生产的纳税人
   B. 年销售额为740万元的从事货物零售的纳税人
   C. 年销售额为582万的从事货物批发的纳税人
   D. 年销售额为650万元的从事货物生产的纳税人
3. 根据增值税有关规定,下列产品中,适用10%税率的有(　　)。
   A. 农机配件   B. 自来水   C. 饲料   D. 煤炭
4. 根据增值税法律规定,下列属于增值税扣税凭证的是(　　)。
   A. 农产品收购凭证   B. 增值税专用发票
   C. 增值税普通发票   D. 海关的增值税专用缴款书
5. 属于增值税视同销售行为,应缴纳增值税的有(　　)。
   A. 委托他人代销货物   B. 将自产的货物分配给投资者
   C. 将自产的货物无偿赠送他人   D. 将购买的货物用于集体福利
6. 单位和个人提供下列劳务,应征增值税的有(　　)。
   A. 汽车的修配业务   B. 房屋的修理业务
   C. 受托加工卷烟   D. 服装厂提供缝纫加工
7. 增值税的税率有(　　)。
   A. 16%   B. 10%   C. 6%   D. 4%
8. 下列项目适用6%税率的有(　　)。
   A. 有形动产租赁   B. 建筑服务
   C. 生活服务   D. 金融服务
9. 下列项目适用10%税率的有(　　)。
   A. 有形动产租赁   B. 建筑服务
   C. 生活服务   D. 销售不动产

10. 下列项目适用16%税率的有(　　)。
A. 有形动产租赁　　　　　　　B. 提供修理劳务
C. 销售电视机　　　　　　　　D. 销售无形资产

三、计算题

1. 某小规模纳税人生产企业,某月销售应税货物取得含增值税的销售额30,900元,增值税征收率为3%。要求：计算其当月应纳增值税税额。

2. 晨光广告公司为增值税小规模纳税人,2018年4月取得广告设计收入30万元、广告制作收入17万元、广告发布收入20万元,以上收入均为含税收入。要求：计算其当月应纳增值税税额。

3. 极速单车修理行为增值税小规模纳税人,2018年5月取得修理收入10,300元,组装销售单车取得销售收入30,900元,当月购进配件花费12,000元。要求：计算该修理行当月应纳增值税税额。

4. 健星文具厂(增值税一般纳税人,适用税率为16%)2018年5月发生下列业务(无其他涉税事项)：

(1) 购进生产用原材料一批,取得增值税专用发票,注明金额12,000元,税额1,920元;

(2) 支付运输费用,取得增值税专用发票,注明金额3,000元,税额300元;

(3) 购进生产设备一台,取得增值税专用发票,注明金额10,000元,税额1,600元;同时取得货物运输增值税专用发票,注明金额1,000元,税额100元;

(4) 支付水电费,取得增值税专用发票,分别注明金额和税额为1,120元、700元;

(5) 批发销售文具,取得不含税销售额100,000元;

(6) 零售文具取得含税销售额9,280元。

要求：计算该厂当月应纳增值税税额。

5. 华光商场(增值税一般纳税人,适用税率为16%)2018年5月发生下列业务(无其他涉税事项)：

(1) 购进服装鞋帽等商品三批,取得3份增值税专用发票,注明金额40,000元,税额6,400元;

(2) 从果农手中购进鲜果一批,开具的农产品收购发票上注明价款10,000元(适用扣税率为10%);

(3) 购进专用保鲜设备一台,取得的专用发票上注明金额150,000元,税额24,000元;

(4) 批发业务实现不含税销售额360,000元;

(5) 零售业务实现含税销售额45,800元,其中包括农产品含税销售额11,000元(适用税率为10%)。

要求：计算该商场当月应纳增值税税额。

6. 兴华交通运输公司(增值税一般纳税人,适用税率为10%)2018年5月发生下列业务(无其他涉税事项)：

(1) 购买汽车用油,取得增值税专用发票,注明金额200,000元,税额32,000元;

(2) 购入2辆大型货车,取得机动车销售统一发票,注明金额600,000元,税额96,000元;

(3) 购买办公家具等低值易耗品,取得增值税专用发票,注明金额110,000元,税额17,600元;

(4) 修理汽车,取得增值税专用发票,注明金额 5,000 元,税额 800 元;
(5) 接受广告服务,取得增值税专用发票,注明金额 100,000 元,税额 6,000 元;
(6) 货运业务取得不含税收入 1,250,000 元,含税收入 495,500 元;
(7) 装卸搬运服务取得收入(含税)63,600 元;
(8) 经营性出租 10 辆大型货车(不配司机)取得含税收入 702,000 元。
要求:计算该企业当月应纳增值税税额。

任务 3 个人所得税的计算

任务目标

1. 了解个人所得税的纳税义务人、征税范围。
2. 能够正确判断哪些项目应征个人所得税及适用何种税率。
3. 能够根据业务资料计算应纳个人所得税税额。

知识准备

个人所得税是以自然人取得的各类应税所得为征税对象而征收的一种所得税。我国对个人所得税采取源泉扣税和申报纳税两种征税方法。

一、个人所得税的纳税义务人

个人所得税的纳税义务人指中国公民、个体工商户以及在中国有所得的外籍人员和香港、澳门、台湾同胞。上述纳税义务人根据住所和居住时间两个标准,可以区分为居民和非居民,分别承担不同的纳税义务。

1. 居民纳税义务人

居民纳税义务人是指在中国境内有住所或者无住所而在境内居住满 1 年的个人。居民纳税义务人负有无限纳税义务,其所得无论是从中国境内取得还是从境外取得,都要在中国缴纳个人所得税。

2. 非居民纳税义务人

非居民纳税义务人是指在中国境内无住所又不居住或者无住所而在境内居住不满 1 年的个人。即在一个纳税年度中,没有在中国境内居住,或者在中国境内居住不满 1 年的外籍人员、华侨或香港、澳门、台湾同胞。非居民纳税义务人承担有限纳税义务,仅就其来源于中国境内的所得向中国缴纳个人所得税。

二、个人所得税的征税范围

1. 工资、薪金所得

工资、薪金所得,是指个人因任职或受雇而取得的工资、薪金、奖金、年终加薪、劳动分红、津贴、补贴以及与任职或受雇有关的其他所得。

对于一些不属于工资、薪金性质的补贴、津贴或者不属于纳税人本人工资、薪金所得项目的收入,不予征税。这些项目包括:①独生子女补贴;②托儿补助费;③差旅费津贴、误餐补助。

2. 个体工商户的生产、经营所得

(1) 个体工商户从事工业、手工业、建筑业、交通运输业、商业、饮食业、服务业、修理业以及其他行业生产、经营取得的所得;

(2) 个人经政府有关部门批准,取得执照,从事办学、医疗、咨询以及其他有偿服务活动取得的所得;

(3) 其他个人从事个体工商业生产、经营取得的所得;

(4) 上述个体工商户和个人取得的与生产、经营有关的各项应纳税所得。

3. 对企事业单位的承包经营、承租经营所得

对企事业单位的承包经营、承租经营所得,是指个人承包经营、承租经营以及转包、转租取得的所得,还包括个人按月或者按次取得的工资、薪金性质的所得。

4. 劳务报酬所得

劳务报酬所得,是指个人从事设计、装潢、安装、制图、化验、测试、医疗、法律、会计、咨询、讲学、新闻、广播、翻译、审稿、书画、雕刻、影视、录音、录像、演出、表演、广告、展览、技术服务、介绍服务、经纪服务、代办服务以及其他劳务取得的所得。

5. 稿酬所得

稿酬所得,是指个人因其作品以图书、报刊形式出版、发表而取得的所得。这里所说的作品,包括文学作品、书画作品、摄影作品,以及其他作品。作者去世后财产继承人取得的遗作稿酬,应按稿酬所得项目计税。

6. 特许权使用费所得

特许权使用费所得,是指个人提供专利权、著作权、商标权、非专利技术以及其他特许权的使用权取得的所得。提供著作权的使用权取得的所得,不包括稿酬所得。

7. 财产租赁所得

财产租赁所得,是指个人出租建筑物、土地使用权、机器设备、车船以及其他财产取得的所得。财产包括动产和不动产。

8. 财产转让所得

财产转让所得,是指个人转让有价证券、股权、建筑物、土地使用权、机器设备、车船以及其他自有财产给他人或单位而取得的所得,包括转让不动产和动产而取得的所得。对个人股票买卖取得的所得暂不征税。

9. 利息、股息、红利所得

利息、股息、红利所得,是指个人拥有债权、股权而取得的利息、股息、红利所得。

10. 偶然所得

偶然所得,指个人得奖、中奖、中彩以及其他偶然性质的所得。

11. 其他所得

除上述10项应税项目以外,其他所得应确定征税的,由国务院财政部门确定。

一、工资、薪金所得应纳税额的计算

1. 每月工资、薪金所得应纳税额的计算

（1）确定每月工资、薪金所得的应纳税所得额

以每月收入额减除三险一金、费用扣除标准后的余额为工资、薪金所得的应纳税所得额，计算公式为：

应纳税所得额 ＝ 每月收入额 － 三险一金 － 费用扣除标准 － 附加减除费用

说明：

★ 三险一金：指个人负担的养老保险、医疗保险、失业保险和住房公积金。

★ 费用扣除标准：3,500元/月。

★ 附加减除费用是指每月在减除3,500元费用的基础上，再减除1,300元的标准。

> **小贴士**
>
> 附加减除费用适用的范围包括：
> 1. 在中国境内的外商投资企业和外国企业中工作的外籍人员；
> 2. 应聘在中国境内的企业、事业单位、社会团体、国家机关中工作的外籍专家；
> 3. 在中国境内有住所而在中国境外任职或者受雇取得工资、薪金所得的个人；
> 4. 国务院财政、税务主管部门确定的其他人员。

（2）查税率表，确定适用税率和速算扣除数

个人所得税税率表（一）
（工资薪金所得适用）

级数	全月应纳税所得额（含税级距）	税率（％）	速算扣除数
1	不超过1,500元的	3	0
2	超过1,500元至4,500元的部分	10	105
3	超过4,500元至9,000元的部分	20	555
4	超过9,000元至35,000元的部分	25	1,005
5	超过35,000元至55,000元的部分	30	2,755
6	超过55,000元至80,000元的部分	35	5,505
7	超过80,000元的部分	45	13,505

（3）工资、薪金所得应纳税额的计算

工资、薪金所得应纳税额 ＝ 应纳税所得额 × 适用税率 － 速算扣除数

例9-7

下表是广元公司财务部部分员工8月的工资表,请根据表中的数据计算每个员工该月应纳的个人所得税及实发工资(三险一金均在允许扣除的范围内)。

序号	姓名	基本工资	职务奖金	津贴	应发工资	养老保险	医疗保险	失业保险	住房公积金	个人所得税	实发工资
1	陈洋	5,000	3,000	600	8,600	688	86	172	960		
2	王丹	3,000	1,800	300	5,100	408	53	102	610		
3	于连	2,500	1,500	100	4,100	328	45	82	400		

【解析】

(1)陈洋:

应纳税所得 = 8,600 − 688 − 86 − 172 − 960 − 3,500 = 3,194(元)

查税率表:2级——税率10%,速算扣除数105

应纳所得税 = 3,194 × 10% − 105 = 214.40(元)

实发工资 = 8,600 − 688 − 86 − 172 − 960 − 214.40 = 6,479.60(元)

(2)王丹:

应纳税所得 = 5,100 − 408 − 53 − 102 − 610 − 3,500 = 427(元)

查税率表:1级——税率3%,速算扣除数0

应纳所得税 = 427 × 3% − 0 = 12.81(元)

实发工资 = 5,100 − 408 − 53 − 102 − 610 − 12.81 = 3,914.19(元)

(3)于连:

应纳税所得 = 4,100 − 328 − 45 − 82 − 400 − 3,500 = −255(元)

月收入扣除三险一金后的金额为3,245元,小于3,500元的起征点,不需交个人所得税;

实发工资 = 4,100 − 328 − 45 − 82 − 400 = 3,245(元)

例9-8

汤姆是美国公民,在中国工作,2017年5月的工资收入为65,000元,计算汤姆5月应缴纳的个人所得税额。

【解析】应纳税所得 = 65,000 − 3,500 − 1,300 = 60,200(元)

查税率表:6级——税率35%,速算扣除数5,505

应纳所得税 = 60,200 × 35% − 5,505 = 15,565(元)

2. 全年一次性奖金所得应纳税额的计算

(1) 计算应纳税所得额

① 当月工资薪金所得低于3,500元起征点,则:

应纳税所得额 = 年终奖 − (3,500 − 当月工资)

② 当月工资薪金所得高于3,500元起征点,则:

应纳税所得额 = 年终奖

（2）确定适用税率和速算扣除数

将应纳税所得额除以12，按照商数查找税率表，确定适用税率和速算扣除数。

（3）采用计算公式进行计算

$$\text{全年一次性奖金应纳税额} = \text{应纳税所得额} \times \text{税率} - \text{速算扣除数}$$

需要注意的是，上述计算结果中税后收入不包含月薪。

例9-9

A有限公司的职工陈胜，2017年1月取得了上一年度12月的工资收入7,000元（含税），其中，基本养老保险1,000元、基本医疗保险800元、失业保险300元、住房公积金600元（以上均在税法允许扣除范围之内），并领取2016年全年一次性奖金24,000元（含税）。A公司应如何为陈胜扣缴个人所得税？

【解析】

（1）当月工资薪金所得 = 7,000 - 1,000 - 800 - 300 - 600 = 4,300（元）

高于当月费用扣除标准3,500元

当月工资薪金所得应纳税额 = (4,300 - 3,500) × 3% = 24（元）

（2）由于当月工资薪金所得高于当月费用扣除标准3,500元，则

① 全年一次性奖金应纳税所得额 = 24,000（元）

② 查找适用税率：

商数 = 24,000 ÷ 12 = 2,000（元）

按照商数2,000元查找税率表：适用税率10%，速算扣除数105

③ 全年一次性奖金应纳税额 = 应纳税所得额 × 税率 - 速算扣除数

$$= 24,000 \times 10\% - 105$$

$$= 2,295（元）$$

例9-10

A有限公司的职工王海，2017年1月取得了上一年度12月的工资收入6,000元（含税），其中，基本养老保险1,000元、基本医疗保险800元、失业保险300元、住房公积金600元（以上均在税法允许扣除范围之内），并领取2016年全年一次性奖金24,000元（含税）。A公司应如何为王海扣缴个人所得税？

【解析】

（1）当月工资薪金所得 = 6,000 - 1,000 - 800 - 300 - 600 = 3,300（元）

低于当月费用扣除标准3,500元

当月工资薪金所得应纳税额为0元

（2）全年一次性奖金为24,000元

① 全年一次性奖金应纳税所得额

$$= \text{年终奖} - (3,500 - \text{当月工资})$$

$$= 24,000 - (3,500 - 3,300)$$

$$= 23,800（元）$$

② 查找适用税率：

商数 = 23,800 ÷ 12 = 1,983.33（元）

按照商数1,983.33元查找税率表：适用税率10%，速算扣除数105

③ 全年一次性奖金应纳税额 ＝ 应纳税所得额 × 税率 － 速算扣除数
　　　　　　　　　　　　　＝ 23,800 × 10％ － 105
　　　　　　　　　　　　　＝ 2,275（元）

  知识链接

年终奖临界点

税率的临界点导致"多发少得"。由于不同的税率对应不同的全月应纳税所得额，所以刚刚超过两个税率的临界点就会发生"多发少得"的情况。而年终奖 18,000 元刚好是新修订的个人所得税一级税率的临界点，也就是说，超过 18,000 元就要按照第二级税率 10％ 计税。

比如 A 获得的年终奖为 18,000 元，B 获得的年终奖为 18,001 元（假设两者的月工资都高于 3,500 元）。A 的应纳个税计算方法是：18,000/12＝1,500 元，对应税率及速算扣除数为：3％、0，应纳税额＝18,000×3％－0＝540 元，税后所得 17,460 元。再看 B，因为 18,001/12 已经大于 1,500 元，所对应税率及速算扣除数为：10％、105，应纳税额＝18,001×10％－105＝1,695.1 元，税后所得 16,305.9 元，反而比 A 少收入 1,154.1 元。

而最极端的是年终奖 960,000 元和 960,001 元的情况，由于 960,001 元意味着将对应最高级也就是 45％ 的税率，960,000 元对应税率则是 35％，结果 1 元之差税后所得反而减少 88,000.45 元。

经计算，从 18,001 元到 19,283.33 元都是年终奖缩水区域，因为多发的奖金小于或等于因此而增加的税额。而像这样的缩水区域还不止一个，据了解，共有六个这样的区间：

［18,001 元，19,283.33 元］；［54,001 元，60,187.50 元］；［108,001 元，114,600 元］；［420,001 元，447,500 元］；［660,001 元，706,538.46 元］；［960,001 元，1,120,000 元］

鉴于此，业内人士建议，发放年终奖应该尽量避开这些区域，避免因此而"多发少得"。

二、个体工商户的生产、经营所得应纳税额的计算

1. 应纳税所得额的计算

　　应纳税所得额 ＝ 全年收入总额 － 成本、费用、损失

2. 应纳税额的计算

　　应纳税额 ＝ 应纳税所得额 × 适用税率 － 速算扣除数

3. 税率表

个人所得税税率表（二）
（个体工商户生产经营所得，对企事业单位承包、承租经营所得适用）

级数	全年应纳税所得额	税率％	速算扣除数
1	不超过 15,000 元的	5	0
2	超过 15,000 元至 30,000 元的部分	10	750

续 表

级数	全年应纳税所得额	税率%	速算扣除数
3	超过30,000元至60,000元的部分	20	3,750
4	超过60,000元至100,000元的部分	30	9,750
5	超过100,000元的部分	35	14,750

4. 费用扣除标准

个体工商户业务的费用扣除标准统一确定为42,000元/年,即3,500元/月。业主的工资不得税前扣除。

例9-11

老刘为从事餐饮服务的个体工商户,2016年取得全年收入260,000元,其中支付工人工资36,000元,经营各项费用共50,000元,场地租金62,000元,向银行支付贷款利息2,000元。则老刘本年应缴纳多少个人所得税?

【解析】

应纳税所得额 = 收入总额 − 成本、费用、损失
          = 260,000 − 36,000 − 50,000 − 62,000 − 2,000 − 3,500 × 12
          = 68,000(元)

本年应纳税额 = 68,000 × 30% − 9,750元 = 10,650(元)

三、对企事业单位承包经营、承租经营所得应纳税额的计算

1. 应纳税所得额 = 个人承包、承租经营年收入总额 − 每月费用扣除标准3,500元 × 实际承包或承租月数

2. 应纳税额 = 应纳税所得额 × 适用税率 − 速算扣除数

3. 按年征收,按五级超额累进税率征税,税率见"个人所得税税率表(二)"。

四、劳务报酬所得应纳税额的计算

1. 每次收入不足4,000元的

应纳税额 = (每次收入 − 800) × 20%

2. 每次收入在4,000元以上的

应纳税额 = 每次收入 × (1 − 20%) × 20%

3. 每次收入的应纳税所得额超过20,000元的

应纳税额 = 每次收入 × (1 − 20%) × 适用税率 − 速算扣除数

劳务报酬所得适用的速算扣除数表

级数	每次应纳税所得额	税率(%)	速算扣除数
1	不超过20,000元	20	0
2	超过20,000—50,000元	30	2,000
3	超过50,000元	40	7,000

例 9-12

李教授本月接受邀请给两个单位讲学各一次,分别取得报酬 3,000 元和 5,000 元。请计算李教授本月讲学取得的报酬应纳的个人所得税额。

【解析】

1. 收入 3,000 元 < 4,000 元

应纳税额 = (3,000 − 800) × 20% = 440(元)

2. 收入 5,000 元 > 4,000 元

应纳税额 = 5,000 × (1 − 20%) × 20% = 800(元)

例 9-13

王丽一次性取得劳务报酬收入 40,000 元,请计算其应纳个人所得税额。

【解析】

应纳税所得额 = 40,000 × (1 − 20%) = 32,000 元 > 20,000 元

应纳税额 = 40,000 × (1 − 20%) × 30% − 2,000 = 7,600(元)

五、稿酬所得应纳税额的计算

1. 每次收入 ≤ 4,000 元的

$$应纳税额 = (每次收入 − 800) × 20\% × (1 − 30\%)$$

2. 每次收入在 4,000 元以上的

$$应纳税额 = 每次收入 × (1 − 20\%) × 20\% × (1 − 30\%)$$

例 9-14

王姗姗在报刊上发表了不同的作品,分别取得稿酬收入 2,500 元和 5,500 元。计算其应纳个人所得税额。

【解析】

应纳税额 = (2,500 − 800) × 20% × (1 − 30%) = 238(元)

应纳税额 = 5,500 × (1 − 20%) × 20% × (1 − 30%) = 616(元)

六、特许权使用费所得应纳税额的计算

1. 每次收入 ≤ 4,000 元的

$$应纳税额 = (每次收入 − 800) × 20\%$$

2. 每次收入在 4,000 元以上的

$$应纳税额 = 每次收入 × (1 − 20\%) × 20\%$$

七、财产租赁所得应纳税额的计算

财产租赁所得适用 20% 的比例税率,但对按市场价格出租给个人居住的适用 10% 的税率。

1. 每次收入≤4,000元的

应纳税额＝［每次收入额－准予扣除项目金额－修缮费用(800元为限)－800］×20％

2. 每次收入在4,000元以上的

应纳税额＝［每次收入额－准予扣除项目金额－修缮费用(800元为限)］×(1－20％)×20％

个人出租财产取得的财产租赁收入,在计算缴纳个人所得税时,应依次扣除以下费用：

① 财产租赁过程中缴纳的税费；
② 由纳税人负担的该出租财产实际开支的修缮费用；
③ 税法规定的费用扣除标准。

例9－15

刘某于2017年1月将其自有的面积为86平方米的房屋出租给张某全家居住,租期1年。刘某每月取得租金收入3,000元,全年租金收入36,000元。计算刘某全年租金收入应缴纳的个人所得税。

【解析】财产租赁收入以每月内取得的收入为一次,因此,刘某每月及全年应纳税额为：

(1) 每月应纳税额＝(3,000－800)×10％＝220(元)
(2) 全年应纳税额＝220×12＝2,640(元)

例9－16

假定上例中,当年2月因下水道堵塞找人修理,发生修理费用500元,有维修部门的正式收据,则2月的应纳税额为：

2月应纳税额＝(3,000－500－800)×10％＝170(元)

八、财产转让所得应纳税额的计算

财产转让所得应纳税额的计算公式为：

应纳税额＝应纳税所得额×适用税率＝(收入总额－财产原值－合理费用)×20％

例9－17

某人建房一栋,造价680,000元,支付相关费用5,400元。该人转让房屋,售价980,000元,在卖房过程中按规定支付交易费等有关费用8,800元,其应纳个人所得税税额的计算过程为：

(1) 应纳税所得额＝财产转让收入－财产原值－合理费用
　　　　　　　＝980,000－(680,000＋5,400)－8,800＝285,800(元)
(2) 应纳税额＝285,800×20％＝57,160(元)

转让二手房个人所得税规定

年限	要求	税率
≥5年	卖方家庭唯一生活用房	免征
	非卖方家庭唯一生活用房	20%（差额）
<5年	卖方家庭唯一生活用房	20%（差额）
无法计算房屋原值	普通住房	1%（按全额）
	非普通住房	2%（按全额）

九、利息、股息、红利所得应纳税额的计算

1. 应纳税所得额的确定

（1）一般规定：利息、股息、红利所得的基本规定是收入全额计税。

（2）特殊规定：个人从公开发行和转让市场取得的上市公司股票，持股期限在1个月以内（含1个月）的，其股息、红利所得全额计入应纳税所得额（税负为20%）；持股期限在1个月以上至1年（含1年）的，暂减按50%计入应纳税所得额（税负为10%）；持股期限超过1年的，暂减按25%计入应纳税所得额（税负为5%）。

2. 应纳税额计算公式

$$应纳税额 = 应纳税所得额 \times 适用税率$$

十、偶然所得应纳税额的计算

税法规定，取得偶然所得的个人为个人所得税的纳税义务人，应依法纳税；向个人支付偶然所得的单位为个人所得税的扣缴义务人。不论在何地兑奖或颁奖，偶然所得应纳的个人所得税一律由支付单位扣缴。

偶然所得以收入金额为应纳税所得额，税率以20%计算。对于大家常说的1万元的起征点，是专指个人购买福利、体育彩票（奖券）一次中奖收入不超过1万元（含1万元）的暂免征收个人所得税；一次中奖收入超过1万元的，应按税法规定全额征税。

纳税人通过民政部门进行捐赠，捐赠部分不超过应纳税所得额30%的部分可以从应纳税所得额中进行扣除。

偶然所得应纳税额的计算公式为：

$$应纳税额 = 应纳税所得额 \times 适用税率 = 每次收入额 \times 20\%$$

例9-18

叶某参加电视台举办的有奖竞猜活动中奖，获一台价值8,000元的电脑，应缴纳的个人所得税为：

应纳个人所得税税额 = 8,000 × 20% = 1,600(元)

例 9-19

叶先生购买体育彩票获得价值 15,000 元的摩托车一辆,同时购买福利彩票获得奖金 3,000 元,应缴纳的个人所得税为:

应纳个人所得税税额 = 15,000 × 20% = 3,000(元)

福利彩票获得奖金 3,000 元,不超过 1 万元,暂免征收个人所得税。

任务巩固

1. 下表是华北公司总经办部分职员 7 月的工资表,请计算各位职员应缴的个人所得税和实发工资。(列出计算过程,结果精确到小数后两位)

序号	姓名	基本工资	职务奖金	津贴	应发工资	养老保险	医疗保险	失业保险	住房公积金	个人所得税	实发工资
1	关键	8,000	6,000	1,000	15,000	1,280	160	320	1,600		
2	徐英	5,000	3,200	600	8,800	720	90	180	900		
3	俞都	2,800	1,800	300	4,900	400	50	100	500		
4	郑丽	2,500	500	200	3,200	264	32	64	320		

2. 马丁是英国公民,在中国工作,2017 年 8 月他在中国的工资收入为 58,000 元,计算马丁 8 月应缴纳的个人所得税额。

3. 黄海有限公司员工邓晶在 2017 年 1 月取得了上一年度 12 月的工资收入 9,000 元(含税),其中,基本养老保险 1,400 元、基本医疗保险 200 元、失业保险 300 元、住房公积金 1,000 元(以上均在税法允许扣除范围之内),并领取 2016 年全年一次性奖金 35,000 元(含税)。公司应如何为邓晶扣缴个人所得税?

4. 黄海有限公司员工李静在 2017 年 1 月取得了上一年度 12 月的工资收入 4,300 元(含税),其中,基本养老保险 500 元、基本医疗保险 100 元、失业保险 250 元、住房公积金 400 元(以上均在税法允许扣除范围之内),并领取 2016 年全年一次性奖金 15,000 元(含税)。公司应如何为李静扣缴个人所得税?

5. 某个体工商户 2016 年取得全年收入 300,000 元,税法允许扣除的费用为 60,000 元(不包括工资费用),雇工 3 人,雇工每人每月工资 2,000 元。请计算该个体工商户全年应缴纳的个人所得税额。

6. 演员黄红叶 2017 年 6 月应邀到外地演出,取得演出收入 3,800 元;同月为当地一家企业做平面模特,取得收入 30,000 元。请计算该演员应缴纳的个人所得税额。

7. 作家好迪的一篇小说先在晚报上连载三个月,每月取得稿酬 3,500 元,然后交出版社出版,获得稿费 30,000 元。该作家因此需缴纳个人所得税多少元?

8. 刘某于2016年1月将其自有的面积为75平方米的房屋出租给张某全家居住,租期1年。刘某每月取得租金收入2,800元,全年租金收入33,600元。6月因房屋维修发生修理费用700元,有维修部门的正式收据,计算刘某全年租金收入应缴纳的个人所得税额。

9. 蓝田2013年购入商品房一套,买入价120万元,2016年为换房,蓝田将此房以150万元的价格转让,并支付相关费用6,000元(此房为家庭唯一生活用房)。请计算蓝田转让商品房应缴纳的个人所得税额。

10. 唐云购买体育彩票获得奖金300,000元,计算其应缴纳的个人所得税额及实际可领取的奖金金额。

任务4 企业所得税的计算

1. 了解企业所得税的概念和特点。
2. 熟悉企业所得税的纳税人、税率、征收方式、优惠政策。
3. 掌握企业所得税应纳税所得额和应纳税额的计算。

一、认识企业所得税

1. 企业所得税的概念

企业所得税是以企业取得的生产经营所得和其他所得为征税对象而征收的一种税。

2. 企业所得税的特点

企业所得税具有以下特点:
(1) 以所得额为征税对象;
(2) 纳税人为法人企业;
(3) 会计利润和应税所得分离;
(4) 实行按年计征、分期预缴。

3. 企业所得税的纳税人

企业所得税以在我国境内成立的企业和其他取得收入的组织为纳税人。包括企业、事业单位、社会团体以及其他取得收入的组织。个人独资企业、合伙企业不适用企业所得税,而征收个人所得税。

(1) 居民企业

居民企业是指依法在中国境内成立,或者依照外国(地区)法律成立但实际管理机构在中国境内的企业。居民企业应当就其来源于中国境内、境外的所得缴纳企业所得税。

(2) 非居民企业

非居民企业是指依照外国(地区)法律成立的,而且实际管理机构不在中国境内,但在中国境内设立机构、场所的,或者在中国境内未设立机构、场所,但有来源于中国境内所得的企业。非居民企业应当就其来源于中国境内的所得缴纳企业所得税。

4. 企业所得税税率

企业所得税税率如下表所示:

基本税率	25%	居民企业; 非居民企业在中国境内设立机构、场所的
优惠税率	20%	符合条件的小型微利企业
	15%	国家重点扶持的高新技术企业
	10%	非居民企业在中国境内未设立机构、场所的,或者虽设立机构、场所但取得的所得与其所设机构、场所没有实际联系的

5. 小型微利企业所得税优惠政策

自 2017 年 1 月 1 日至 2019 年 12 月 31 日,符合条件的小型微利企业年应纳税所得额低于 50 万元(含 50 万元),其所得减按 50% 计入应纳税所得额,按 20% 的税率缴纳企业所得税(相当于减按 10% 的税率缴纳企业所得税)。

"符合条件的小型微利企业"是指从事国家非限制和禁止行业,并符合下列条件的企业:

(1) 工业企业,年度应纳税所得额不超过 50 万元,从业人数不超过 100 人,资产总额不超过 3,000 万元;

(2) 其他企业,年度应纳税所得额不超过 50 万元,从业人数不超过 80 人,资产总额不超过 1,000 万元。

6. 企业所得税的征收方式

企业所得税的征收方式有两种:查账征收和核定征收。对一个企业来说,采用什么样的征收方式是由税务机关决定的,但一般情况是:会计机构和会计核算体系健全,能够正确核算应交税金,提供纳税资料的企业,即可认定为"查账征收"。

根据《中华人民共和国税收征收管理法》的有关规定,可对部分中小企业采取核定征收的办法计算其应纳税额。

(1) 核定征收企业的范围

纳税人具有下列情形之一的,核定征收企业所得税:

① 依照法律、行政法规的规定可以不设置账簿的;
② 依照法律、行政法规的规定应当设置但未设置账簿的;
③ 擅自销毁账簿或者拒不提供纳税资料的;
④ 虽设置账簿,但账目混乱或者成本资料、收入凭证、费用凭证残缺不全,难以查账的;
⑤ 发生纳税义务,未按照规定的期限办理纳税申报,经税务机关责令限期申报,逾期仍不申报的;
⑥ 申报的计税依据明显偏低,又无正当理由的。

(2) 核定征收的征收办法

税务机关应根据纳税人具体情况,对核定征收企业所得税的纳税人,核定应税所得率或者核定应纳所得税额。

具有下列情形之一的,核定其应税所得率:
① 能正确核算(查实)收入总额,但不能正确核算(查实)成本费用总额的;
② 能正确核算(查实)成本费用总额,但不能正确核算(查实)收入总额的;
③ 通过合理方法,能计算和推定纳税人收入总额或成本费用总额的。
纳税人不属于以上情形的,核定其应纳所得税额。

一、核定征收方式下企业所得税应纳税额的计算

1. 定额征收方式下应纳税额的计算

税务机关按照一定的标准、程序和方法,直接核定纳税人年度应纳企业所得税额,由纳税人按规定进行申报缴纳。

2. 核定应税所得率征收方式下应纳税额的计算

$$应纳所得税额 = 应纳税所得额 \times 适用税率$$
$$应纳税所得额 = 应税收入总额 \times 应税所得率$$

或:
$$应纳税所得额 = 成本费用支出额 \div (1 - 应税所得率) \times 应税所得率$$

例 9-20

从事批发兼零售的东民公司,2016 年度自行申报营业收入总额 350 万元、成本费用总额 370 万元,当年亏损 20 万元。经税务机关审核,该企业申报的收入总额无法核实,成本费用核算正确。假定对该公司采取核定征收企业所得税,应税所得率为 8%。计算该企业 2016 年度应缴纳企业所得税额。

【解析】
2016 年度应缴纳企业所得税 = 370 ÷ (1 - 8%) × 8% × 25% = 8.04(万元)

二、查账征收方式下企业所得税应纳税额的计算

1. 平时预缴企业所得税额的计算

企业所得税实行按年计征、分月或季预缴、年终汇算清缴、多退少补的办法。实行查账征收方式申报企业所得税的纳税人在平时月(季)预缴企业所得税时,可采用以下方法计算缴纳:

(1) 按实预缴

本月(季)预缴所得税额
= 实际利润累计额 × 税率 - 减免所得税 - 已累计预缴的所得税额

说明:
★ 实际利润累计额:指纳税人按会计制度核算的利润总额。
★ 平时预缴时,先按会计利润计算。
★ 统一按规定的基本税率 25% 计算应纳所得税额。

例 9-21

凤和公司的企业所得税采用查账征收方式按实预缴,适用 25% 的企业所得税率。2017 年

1月至2017年8月公司累计利润为600万元,到2017年7月为止公司已累计预缴企业所得税120万元。计算该公司8月需预缴企业所得税额(公司无减免税项)。

【解析】
公司8月需预缴企业所得税额 = 600×25% − 120 = 30(万元)

(2) 按照上一纳税年度应纳所得税额的平均额预缴

本月(季)预缴所得税额 = 上一年度应纳税所得额÷12(或4)×税率

例9-22

上品公司的企业所得税采用查账征收方式,并按照上一纳税年度应纳所得税额的平均额预缴,适用25%的企业所得税率。2016年度该公司应纳企业所得税额为48万元。请计算该公司2017年每季度需预缴的企业所得税额。

【解析】
公司2017年每季度需预缴的企业所得税额 = 48÷4 = 12(万元)

2. 年终汇算清缴

查账征收方式下,企业所得税纳税人在分月或季预缴的基础上,实行年终汇算清缴、多退少补的办法。计算公式如下:

应纳所得税额 = 应纳税所得额 × 适用税率

应纳税所得额 = 会计利润总额 + 纳税调整增加额 − 纳税调整减少额

说明:
★ 会计利润 = 收入 − 成本费用
★ 纳税调整增加额:包括
① 企业已计入当期费用,但超过税法规定标准扣除的各项费用支出金额;
② 企业已计入当期损失,但税法规定不允许税前扣除的项目金额(如税收滞纳金、罚款、罚金等)。
★ 纳税调整减少额:主要包括按税法规定允许弥补的亏损(如前5年内未弥补的亏损)、税收优惠项目和准予免税的项目(如国债利息收入、财政拨款等)。

例9-23

唐河公司2016年度全年会计利润为4,200,000元,其中包括本年收到的国债利息收入30,000元,营业外支出中10,000元为税收滞纳金,企业所得税税率为25%。假设该公司无其他纳税调整因素,计算该公司2016年度应纳所得税额。若公司已预缴企业所得税102万元,计算公司应补交税款额或应退税额。

【解析】
① 应纳税所得额 = 4,200,000 + 10,000 − 30,000 = 4,180,000(元)
② 应纳所得税额 = 4,180,000 × 25% = 1,045,000(元)
③ 公司应补交税款额 = 1,045,000 − 1,020,000 = 25,000(元)

一、简答题
1. 请简述企业所得税的概念和特点。

2. 企业所得税纳税人的分类有几种？
3. 企业所得税的税率有几种？
4. 企业所得税的征收方式有哪些？

二、计算题

1. 从事生产经营的庆元企业，2016年度自行申报营业收入总额320万元，成本费用总额360万元，当年亏损40万元。经税务机关审核，该企业申报的收入总额无法核实，成本费用核算正确。假定对该企业采取核定征收企业所得税，应税所得率为8%。计算庆元企业2016年度应缴纳企业所得税额。

2. 丽云公司的企业所得税采用查账征收方式按实预缴，适用25%的企业所得税率。2017年1月至2017年9月公司累计利润为800万元，到2017年8月为止公司已累计预缴企业所得税145万元。计算该公司9月需预缴企业所得税额（公司无减免税项）。

3. 建高公司的企业所得税采用查账征收方式，并按照上一纳税年度应纳所得税额的平均额预缴，适用25%的企业所得税率，2016年度应纳企业所得税额为56万元。请计算该公司2017年每季度需预缴的企业所得税额。

4. 方可公司2016年度全年会计利润为5,200,000元，其中包括本年收到的国债利息收入50,000元，营业外支出中8,000元为税收滞纳金，10,000元为因违反安全生产规定的罚款，适用的企业所得税税率为25%。假设该公司无其他纳税调整因素，计算该公司2016年度应纳所得税额。若公司已预缴企业所得税120万元，计算公司应补交税款额或应退税额。

项目十　财务报表认知

任务1　资产负债表认知

1. 了解资产负债表的格式。
2. 掌握主要报表指标的含义。
3. 掌握报表主要项目的编制方法。

一、资产负债表的概念

资产负债表是反映企业在某一特定日期(如月末、季末、年末)全部资产、负债和所有者权益情况的会计报表,是企业经营活动的静态体现,揭示企业在一定时点的财务状况,可让阅读者在最短时间内了解企业的经营状况。

表内勾稽关系为"资产 ＝ 负债＋所有者权益"。

二、资产负债表的格式(小企业会计准则)

资产负债表

会小企01表

编制单位：　　　　　　　　年　月　日　　　　　　　　单位：元

资产	行次	期末余额	年初余额	负债和所有者权益	行次	期末余额	年初余额
流动资产：				流动负债：			
货币资金	1			短期借款	31		
短期投资	2			应付票据	32		
应收票据	3			应付账款	33		
应收账款	4			预收账款	34		
预付账款	5			应付职工薪酬	35		

续 表

资产	行次	期末余额	年初余额	负债和所有者权益	行次	期末余额	年初余额
应收股利	6			应交税费	36		
应收利息	7			应付利息	37		
其他应收款	8			应付利润	38		
存货	9			其他应付款	39		
其中：原材料	10			其他流动负债	40		
在产品	11			流动负债合计	41		
库存商品	12			非流动负债：			
周转材料	13			长期借款	42		
其他流动资产	14			长期应付款	43		
流动资产合计	15			递延收益	44		
非流动资产：				其他非流动负债	45		
长期债券投资	16			非流动负债合计	46		
长期股权投资	17			负债合计	47		
固定资产原价	18						
减：累计折旧	19						
固定资产账面价值	20						
在建工程	21						
工程物资	22						
固定资产清理	23						
生产性生物资产	24			所有者权益			
无形资产	25			实收资本	48		
开发支出	26			资本公积	49		
长期待摊费用	27			盈余公积	50		
其他非流动资产	28			未分配利润	51		
非流动资产合计	29			所有者权益合计	52		
资产总计	30			负债和所有者权益总计	53		

三、报表主要指标含义

1. 报表含义

资产负债表反映出报表的当日,公司资产负债情况,因为每一天都会有些项目在变化,因此,具体的日期即时点对这张报表的影响很大。

表内勾稽关系为"资产＝负债＋所有者权益"。企业现在拥有的一切,来源于两个方面,一个是企业自己的,另一个是借来的,即自有的加上借来的,就是企业现在拥有的一切。在会计上,企业拥有的物资,就叫资产,借的或欠他人的,叫负债,企业的资产价值减去欠他人的负债之后的净额,就叫所有者权益,也叫净资产,这才是真正归属于企业的资金。

2. 报表理解

在资产负债表中,资产和负债的项目都是按资产或负债的流动性顺序来排列的,即流动性强的放在前面,流动性弱的放在后面。所谓流动性,是反映资产可变现的时间长短,变现时间越短,流动性越强,变现时间越长,流动性越弱。同理,如果一项负债被要求偿还的时间越短,流动性就越强,被要求偿还的时间越长,流动性就越弱。流动性是资产负债表中各项目放置位置的一个主要依据。

资产负债表的常用项目如下:

（一）资产

序号	资产项目	解　释
1	货币资金	库存现金、银行结算户存款、外埠存款、银行汇票存款、银行本票存款、信用卡存款、信用证保证金存款等的合计数
2	短期投资	能随时变现且持有时间不超过1年(含1年)的投资,包括股票、债券、基金等
3	应收票据	收到的未到期的票据,包括商业承兑汇票和银行承兑汇票
4	应收账款	因销售商品、提供劳务等应向购买单位收取的各种款项
5	预付账款	预付给供应商的款项
6	应收股利	因股权投资而应收取的现金股利
7	应收利息	因债权投资而应收取的利息
8	其他应收款	对其他单位和个人的应收和暂付的款项
9	存货	企业在日常生产经营过程中持有的以备出售的产成品或商品、处在生产过程中的在产品、将在生产过程或提供劳务过程中耗用的材料和物料等的价值
10	其他流动资产	除以上流动资产项目外的其他流动资产
11	长期债券投资	投资期限在1年以上的债券投资
12	长期股权投资	不准备在1年内(含1年)变现的各种权益性投资

续 表

序号	资产项目	解 释
13	固定资产账面价值	固定资产原价减去累计折旧后的净值
14	在建工程	各项未完工程的实际支出
15	工程物资	各项工程尚未使用的工程物资的成本
16	固定资产清理	因出售、毁损、报废等尚未清理完毕的固定资产价值
17	生产性生物资产	为产出农产品、提供劳务或出租等目的而持有的生物资产,包括经济林、薪炭林、产畜和役畜等
18	无形资产	无形资产的期末可收回金额
19	开发支出	开发无形资产过程中能够资本化形成无形资产的支出
20	长期待摊费用	已经支出,但摊销期限在1年以上(不含1年)的各项费用

(二)负债

序号	负债项目	解 释
1	短期借款	尚未归还的1年期以下(含1年)的借款
2	应付票据	为抵付货款而开出、承兑的尚未到期的票据,包括银行承兑汇票和商业承兑汇票
3	应付账款	购买原材料、商品和接受劳务等应付给供应商的款项
4	预收账款	预收购货单位的账款
5	应付职工薪酬	应付未付的职工薪酬
6	应交税费	未交的税金
7	应付利息	应付未付的各种利息
8	应付利润	尚未支付的利润
9	其他应付款	应付和暂收其他单位和个人的款项
10	其他流动负债	除以上流动负债以外的其他流动负债
11	长期借款	尚未归还的1年期以上(不含1年)的各期借款
12	长期应付款	除长期借款、应付债券以外的各种长期应付款
13	递延收益	指尚待确认的收入或收益
14	其他非流动负债	除以上非流动负债项目以外的其他非流动负债

(三) 所有者权益

序号	所有者权益项目	解　释
1	实收资本	投资者实际投入的资本总额
2	资本公积	来源于盈利以外的那部分积累
3	盈余公积	从净利润中提取的各种积累资金
4	未分配利润	尚未分配的利润

广州学友文具有限公司(统一社会信用代码52440105MJK9980480)2017年10月31日的企业财务状况如下:

项目	金额(元)	项目	金额(元)
库存现金	28,000	应付账款	33,000
银行存款	350,000	预收账款	3,000
短期投资	150,000	应付职工薪酬	9,000
应收账款	270,000	应交税费	11,700
预付账款	20,000	其他应付款	500
其他应收款	30,000	实收资本	2,000,000
库存商品	950,525	未分配利润	90,525
固定资产: 　购入原值 　已提折旧	 350,000 800		

【要求】编制该企业2017年10月31日的资产负债表。

资产负债表

会小企01表

编制单位:广州学友文具有限公司　　　2017年10月31日　　　单位:元

资产	行次	期末余额	年初余额	负债和所有者权益	行次	期末余额	年初余额
流动资产:				流动负债:			
货币资金	1	378,000.00		短期借款	31		
短期投资	2	150,000.00		应付票据	32		

续 表

资产	行次	期末余额	年初余额	负债和所有者权益	行次	期末余额	年初余额
应收票据	3			应付账款	33	33,000.00	
应收账款	4	270,000.00		预收账款	34	3,000.00	
预付账款	5	20,000.00		应付职工薪酬	35	9,000.00	
应收股利	6			应交税费	36	11,700.00	
应收利息	7			应付利息	37		
其他应收款	8	30,000.00		应付利润	38		
存货	9	950,525.00		其他应付款	39	500.00	
其中：原材料	10			其他流动负债	40		
在产品	11			流动负债合计	41	57,200.00	
库存商品	12	950,525.00		非流动负债：			
周转材料	13			长期借款	42		
其他流动资产	14			长期应付款	43		
流动资产合计	15	1,798,525.00		递延收益	44		
非流动资产：				其他非流动负债	45		
长期债券投资	16			非流动负债合计	46		
长期股权投资	17			负债合计	47	57,200.00	
固定资产原价	18	350,000.00					
减：累计折旧	19	800.00					
固定资产账面价值	20	349,200.00					
在建工程	21						
工程物资	22						
固定资产清理	23						
生产性生物资产	24			所有者权益			
无形资产	25			实收资本	48	2,000,000.00	
开发支出	26			资本公积	49		
长期待摊费用	27			盈余公积	50		
其他非流动资产	28			未分配利润	51	90,525.00	
非流动资产合计	29	349,200.00		所有者权益合计	52	2,090,525.00	
资产总计	30	2,147,725.00		负债和所有者权益总计	53	2,147,725.00	

请为你与两位好友成立的公司编制 2017 年 11 月 30 日的资产负债表,假定当日企业的基本情况如下:

项目	金额(元)	项目	金额(元)
库存现金	18,000	应付账款	15,000
银行存款	150,000	预收账款	2,000
短期投资	20,000	应付职工薪酬	6,000
应收账款	70,000	应交税费	10,500
预付账款	7,300	其他应付款	500
其他应收款	5,000	实收资本	500,000
库存商品	213,912.50	未分配利润	49,912.50
固定资产:			
购入原值	100,000		
已提折旧	300		

资产负债表

会小企01表

编制单位:　　　　　　　　　　年　　月　　日　　　　　　　　　单位:元

资产	行次	期末余额	年初余额	负债和所有者权益	行次	期末余额	年初余额
流动资产:				流动负债:			
货币资金	1			短期借款	31		
短期投资	2			应付票据	32		
应收票据	3			应付账款	33		
应收账款	4			预收账款	34		
预付账款	5			应付职工薪酬	35		
应收股利	6			应交税费	36		
应收利息	7			应付利息	37		
其他应收款	8			应付利润	38		

续 表

资产	行次	期末余额	年初余额	负债和所有者权益	行次	期末余额	年初余额
存货	9			其他应付款	39		
其中：原材料	10			其他流动负债	40		
在产品	11			流动负债合计	41		
库存商品	12			非流动负债：			
周转材料	13			长期借款	42		
其他流动资产	14			长期应付款	43		
流动资产合计	15			递延收益	44		
非流动资产：				其他非流动负债	45		
长期债券投资	16			非流动负债合计	46		
长期股权投资	17			负债合计	47		
固定资产原价	18						
减：累计折旧	19						
固定资产账面价值	20						
在建工程	21						
工程物资	22						
固定资产清理	23						
生产性生物资产	24			所有者权益			
无形资产	25			实收资本	48		
开发支出	26			资本公积	49		
长期待摊费用	27			盈余公积	50		
其他非流动资产	28			未分配利润	51		
非流动资产合计	29			所有者权益合计	52		
资产总计	30			负债和所有者权益总计	53		

任务 2 利润表认知

1. 了解利润表的格式。
2. 掌握利润表各项指标的含义。
3. 掌握利润表的编制方法。

一、利润表的概念

利润表是反映企业在一定会计期间经营成果的一种会计报表,由于它反映的是某一期间的情况,所以又称为动态报表。有时,利润表也称为损益表、收益表。

二、利润表的格式(小企业会计准则)

利 润 表

纳税人识别号:　　　　　　　　　　　　　　　　　　　　　　会小企02表
编制单位:　　　　　　　　　　年　　月　　　　　　　　　　　单位:元

项　目	行次	本期累计金额	本月金额
一、营业收入	1		
减:营业成本	2		
税金及附加	3		
其中:消费税	4		
城市建设维护税	5		
资源税	6		
土地增值税	7		
城镇土地使用税、房产税、车船税、印花税	8		
教育费附加、矿产资源补偿费、排污费	9		
销售费用	10		
其中:商品维修费	11		
广告费和业务宣传费	12		

续　表

项　目	行次	本期累计金额	本月金额
管理费用	13		
其中：开办费	14		
业务招待费	15		
研究费用	16		
财务费用	17		
其中：利息费用（收入以"－"号填列）	18		
加：投资收益（亏损以"－"号填列）	19		
二、营业利润（亏损以"－"号填列）	20		
加：营业外收入	21		
其中：政府补助	22		
减：营业外支出	23		
其中：坏账损失	24		
无法收回的长期债券投资损失	25		
无法收回的长期股权投资损失	26		
自然灾害等不可抗力因素造成的损失	27		
税收滞纳金	28		
三、利润总额（亏损总额以"－"号填列）	29		
减：所得税费用	30		
四、净利润（净亏损以"－"号填列）	31		

三、利润表主要指标含义

1. 报表含义

在报表所属的该时间段内，公司经营情况如何，是赚了还是赔了，如果是赚了，赚多少，如果是赔了，赔多少。利润表是时期报表，一般是一个月、一个季度或一年的时间。

表内勾稽关系为"收入－成本费用＝利润"。

2. 报表理解

从利润表的结构来看，表的项目分为四个层次，分别是：营业收入、营业利润、利润总额、净利润。可以从两个方向来看这张报表，从上向下看，可以看到净利润的产生过程；从下向上看，看最后的结果是赚了还是亏了，然后分析是如何赚的、如何亏的。

企业的业务一般有两类：主营业务、非主营业务（即其他业务）。主营业务取得的收入叫主营业务收入,其他业务取得的收入叫其他业务收入,这两类业务的收入相加,就是表中的"营业收入",取得收入的同时相应发生的成本,就是表中的"营业成本",再减去为这两类业务而耗费的支出,即税金及附加、销售费用、管理费用、财务费用等,得到"营业利润"。

销售费用是指在销售产品、提供劳务过程中发生的各项费用,包括包装费、运输费、装卸费、展览费、广告费、经营租赁费,以及专设的销售机构发生的职工工资、福利费、差旅费、办公费、折旧费、修理费、物料消耗和其他经费。

管理费用是指企业行政管理部门为组织和管理经营活动发生的各项费用。

财务费用是指为筹集资金而发生的费用,包括利息、汇兑损益、银行手续费等。

企业除了日常经营得到营业利润,还会发生一些偶然性事件,偶然性取得的收入是正常经营之外的收益,这就是"营业外收入",相应地,偶然发生的意外支出项目,就是"营业外支出",日常经营取得的营业利润,再加上这些营业外的收支,就构成了企业的"利润总额"。

企业取得了盈利,就要依法纳税,利润总额就分配为两大部分,一部分以所得税的形式交给国家,余下的部分留给企业,就是"净利润",这才是企业真正赚到的钱,可以进行分配。

 任务实施

广州学友文具有限公司(统一社会信用代码52440105MJK9980480)2017年10月的经营情况如下:

主营业务收入:600,000元　　　　主营业务成本:400,000元
城市建设维护税:3,000元　　　　印花税:900元　　　　教育费附加:3,000元
销售部本月支出:45,000元(其中广告费30,000元)
行政管理部门费用:23,000元(其中业务招待费8,000元)
财务费用:400元(其中收到存款利息280元)
取得违约收入:1,000元　　　　向希望工程捐款:5,000元
所得税税率为25%

【要求】请为该公司编制10月的利润表。

利 润 表

纳税人识别号:52440105MJK9980480　　　　　　　　　　　会小企02表
编制单位:广州学友文具有限公司　2017年10月　　　　　　单位:元

项　　目	行次	本期累计金额	本月金额
一、营业收入	1		600,000.00
减:营业成本	2		400,000.00
税金及附加	3		6,900.00
其中:消费税	4		
城市建设维护税	5		3,000.00

续 表

项　　目	行次	本期累计金额	本月金额
资源税	6		
土地增值税	7		
城镇土地使用税、房产税、车船税、印花税	8		900.00
教育费附加、矿产资源补偿费、排污费	9		3,000.00
销售费用	10		45,000.00
其中：商品维修费	11		
广告费和业务宣传费	12		30,000.00
管理费用	13		23,000.00
其中：开办费	14		
业务招待费	15		8,000.00
研究费用	16		
财务费用	17		400.00
其中：利息费用（收入以"－"号填列）	18		－280.00
加：投资收益（亏损以"－"号填列）	19		
二、营业利润（亏损以"－"号填列）	20		124,700.00
加：营业外收入	21		1,000.00
其中：政府补助	22		
减：营业外支出	23		5,000.00
其中：坏账损失	24		
无法收回的长期债券投资损失	25		
无法收回的长期股权投资损失	26		
自然灾害等不可抗力因素造成的损失	27		
税收滞纳金	28		
三、利润总额（亏损总额以"－"号填列）	29		120,700.00
减：所得税费用	30		30,175.00
四、净利润（净亏损以"－"号填列）	31		90,525.00

任务巩固

请为你与两位好友成立的公司编制 2017 年 11 月的利润表，假定当月企业的经营情况如下：

主营业务收入：250,000 元　　　主营业务成本：160,000 元
城市建设维护税：700 元　　　　印花税：150 元　　　教育费附加：700 元
销售部本月支出：15,000 元（其中广告费 6,000 元）
行政管理部门费用：6,000 元（其中业务招待费：2,000 元）
财务费用：300 元（其中收到存款利息 80 元）
取得违约收入：400 元　　　　　向灾区捐款：1,000 元
所得税税率为 25%

利 润 表

纳税人识别号：　　　　　　　　　　　　　　　　　　　　　　会小企 02 表
编制单位：　　　　　　　　　年　月　　　　　　　　　　　　单位：元

项　目	行次	本期累计金额	本月金额
一、营业收入	1		
减：营业成本	2		
税金及附加	3		
其中：消费税	4		
城市建设维护税	5		
资源税	6		
土地增值税	7		
城镇土地使用税、房产税、车船税、印花税	8		
教育费附加、矿产资源补偿费、排污费	9		
销售费用	10		
其中：商品维修费	11		
广告费和业务宣传费	12		
管理费用	13		
其中：开办费	14		
业务招待费	15		
研究费用	16		

续 表

项　目	行次	本期累计金额	本月金额
财务费用	17		
其中：利息费用(收入以"－"号填列)	18		
加：投资收益(亏损以"－"号填列)	19		
二、营业利润(亏损以"－"号填列)	20		
加：营业外收入	21		
其中：政府补助	22		
减：营业外支出	23		
其中：坏账损失	24		
无法收回的长期债券投资损失	25		
无法收回的长期股权投资损失	26		
自然灾害等不可抗力因素造成的损失	27		
税收滞纳金	28		
三、利润总额(亏损总额以"－"号填列)	29		
减：所得税费用	30		
四、净利润(净亏损以"－"号填列)	31		